KB109446

잃어버린 나를 찾아

# 현자에게 길을 묻다

잃어버린 나를 찾아

# 현자에게 길을 묻다

당신은 너무 소중한 사람입니다.

감사한 마음을 담아

_____께 드림

해조음

# 현자에게 삶의 지혜를 배우며

"모든 인간은 행복을 원한다. 하지만 행복에 이르려면 행복이 무엇인지 알아야 한다."

장 자끄 루소가 한 말이다.

한 번 뿐인 삶을 어떻게 하면 조화롭고 후회가 적은 행복한 삶을 살 수 있을까?

사랑하는 사람들과 같이 할 시간이 얼마 남지 않았다 해도 이렇게 살아도 되는 것일까?

많은 사람들은 태어나면서 삶의 방식이나 인생 지침서 같은 것도 없이 가공되지 않은 원석으로 인생이란 광활한 무대에 던져져 관습에 따라 일하고 결혼하여 아이 낳고 자기 성찰은 물론, 왜 사는지 삶의 의미도 모른 채 죽음을 맞이한다.

탐욕과 갈증을 부추기는 물질문명 시대에 권력과 돈, 명예가 행복이라고 생각하는 사람들이 이기심을 억제하지 못한 채 온갖 수단을 동원하여 싸우고 상처 받고 심신을 혹사시켜 영혼은 만신창이가 되고 있다.

'사는 게 힘들어…, 너무 허무해…'

인생살이의 힘겨움이 묻어나는 독백이다.

부모나 학교, 사회에서 가르치는 것은 정직이나 성실, 친절,

존경, 감사 같은 윤리적 덕목보다는 우등생이 되어 좋은 직장에 취직하고 계층사회의 신분 상승과 가능한 한 많은 부를 쌓도록 서로 경쟁하는 수단을 가르칠 뿐이다.

목표가 없다면 그저 사는 대로 살 뿐이지만 목표를 세운다면 원하는 대로 살게 된다는 말이 있듯이, 더 나은 삶을 꿈꾸는 사람들은 삶을 바라볼 줄 아는 지혜를 먼저 배우고 행복해지는 연습을 한다.

인생이란 여행에서 수 천 년 동안 이어져 내려온 영적 스승이나 현자, 종교적 성인들의 가르침은 지혜와 이치, 슬기로운 삶으로 인도하는 나침반이 되게 한다.

어느 책 구절에서 "글을 읽고 쓰지 않으면 쓰레기에 불과하다. 좋은 글을 만나거든 반드시 추천하라. 너도 행복해지고 세상도 행복해진다."는 글을 읽고 용기를 낸 것이 보잘 것 없지만 한 권의 책이 되었다.

이 책을 읽는 동안 모든 것을 내려놓고 마음의 평안을 얻기를 간절히 바란다.

2016년 어느 가을날
중수(中壽)를 맞으면서 참회하는 마음으로

## 마음의 문을 여는 지혜와 깨달음

## 행복으로의 초대

## 마음의 평화를 가져오는 명상

## 감사합니다 사랑합니다

## 행복한 가정 좋은 인연

## 화는 천박함이다 미소 지어라

## 건강은 즐거움과 기쁨의 원천이다

## 내 안으로의 여행

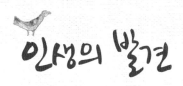

# 인생의 발견

우리는 많은 것을 시행착오를 겪은 뒤에야 깨닫는다.
이 깨달음이 모여 인생의 지도를 만들어 나간다.
결국 인생이란 지금 발을 딛고 있는
현실에 맞게 머릿속의 지도를 수정해 나가는 과정이다.

**고든 리빙스턴** 미국의 심리 상담가


인생은 흘러가는 것이 아니라 채워지는 것이다.
우리는 하루하루를 보내는 것이 아니라
내가 가진 무엇으로 채워나가는 것이다.

**존 러스킨** 영국의 비평가

# 인생 찬가

우리가 가야할 곳, 혹은 가는 길은
향락도 아니고 슬픔도 아니며
내일이 오늘보다 낫도록 행동하는 바로 그것이 인생이라.

아무리 아름다울지라도 미래는 믿지 말라.
죽은 과거는 죽은 채로 묻어두라.
행동하라. 살아 있는 현재에 행동하라.
속에는 마음이 있고 위에는 신이 있다.

위인들의 모든 생애는 가르치나니
우리도 장엄하게 살 수 있고 떠날 적엔
시간의 모래 위에 우리의 발자국을 남길 수 있음을

아마 먼 훗날 다른 사람이
장엄한 인생의 바다를 건너다가
외로이 부서질 때를 만나면
다시금 용기를 얻게 될 발자국을

그대여 부지런히 일해 나가자.

어떤 운명에도 무릎 꿇지 말고
끊임없이 이루고 바라면서
일하고 기다리기를 힘써 배우자.

**H.W. 롱 펠로우** 미국 시인

- 시간이 지난 후에 우리는 지난날을 뒤돌아보며 '그땐 참 잘못 했어'라고 후회하면서 지금 우리는 다시 돌아올 수 없는 길을 터벅터벅 걸어가고 있다.

- 인생은 너무 짧다. 그 짧은 여정에서 우리는 삶에서 놓쳐버린 순간들을 되돌릴 수는 없다. 그렇지만 한 걸음 한 걸음 신중하게 서로 사랑하며 용서하며 삶을 만들어가는 것이 인생이다.

- 어떤 운명과도 맞설 용기를 가지고 삶이 마지막에 도달했을 때 후회와 미련보다는 '그래도 멋있고 아름다운 삶이었어'라고 말할 수 있게…

- 미국 영화배우 에디 캔터는 "속도를 줄이고 인생을 즐겨라. 너무 빨리 가다보면 놓치는 것은 경관뿐 아니라 어디로 왜 가는지 모르게 된다."고 했다.

인간사에는 안정된 것이 하나도 없음을 기억하라.
그러므로 성공에 들뜨거나
역경에 지나치게 의기소침하지 마라.

**소크라테스** 그리스 철학자

# 우리는 완벽하지 않다

1. 당신이 특별하다고 생각하지 말라.
   You're not to think you are anything special.

2. 당신이 다른 사람처럼 좋은 사람이라고 생각하지 말라.
   You're not to think you are as good as we are.

3. 당신이 다른 사람보다 더 똑똑하다고 생각하지 말라.
   You're not to think you are smarter than we are.

4. 당신이 다른 사람보다 더 낫다고 확신하지 말라.
   You're not to convince yourself that you are better than we are.

5. 당신이 다른 사람보다 더 많이 알고 있다고 생각하지 말라.
   You're not to think you know more than we do.

6. 당신이 다른 사람보다 더 중요하다고 생각하지 말라.
   You're not to think you are more important than we are.

7. 당신이 모든 것을 다 잘한다고 생각하지 말라.
   You're not to think you are good at anything.

8. 다른 사람을 비웃지 말라.
   You're not to laugh at us.

9. 다른 사람이 당신을 신경 쓴다고 생각하지 말라.
   You're not to think anyone cares about you.

10. 어떤 것이든 다른 사람을 가르치려 들지 말라.
    You're not to think you can teach us anything.

11. 당신에 대해서 다른 사람들이 모른다고 생각하지 말라.
    Perhaps you don't think we know a few things about you?

**얀테의 법칙** 덴마크

- 행복지수가 가장 높은 덴마크인들은 오랜 관습인 얀테의 법칙이 그들의 문화 속에 녹아 있기 때문에 삶의 만족도가 높다고 한다.

- 얀테의 법칙은 '모든 사람은 특별하고 평등하다. 다른 사람 눈치 볼 것 없이 남을 부러워하지도 나를 과시하지도 않는 순리대로의 삶'을 말한다. 모든 사람들은 자기가 생각하는 것보다 훨씬 가치 있는 존재임을 알아야 한다.

- 남보다 잘 살고 잘 나고 싶고 특별해야 한다는 다른 사람의 시선 때문에 인생이 피곤하다. 잘난 척하지 말라. 잘난 척하면 적만 많이 생긴다는 말이 있듯이, 자신만 특별한 존재가 아니고 자신이 완벽하지 않다는 사실을 깨달을 때 우리는 편안한 삶을 살 수 있다.

허 참! 무슨 까닭으로 인간들은
우리 신들한테 죄를 뒤집어씌우는 것일까?
재앙은 모두 우리한테서 일어난다고들 하지만
실은 인간 자신들의 분수를 벗어난 행동 때문에
타고난 운명보다도 더 쓰라린 꼴을 당하는 것을.

**오디세이**

# 지금 하십시오

할 일이 생각나거든 지금 하십시오.
오늘은 하늘이 맑지만 내일은 구름이 보일런지 모릅니다.

어제는 이미 당신의 것이 아니니 지금 하십시오.
친절한 한 마디가 생각나거든 지금 말하십시오.
내일은 당신의 것이 안 될지도 모릅니다.
사랑하는 사람이 언제나 곁에 있지는 않습니다.
사랑의 말이 있다면 지금 하십시오.

미소를 짓고 싶거든 지금 웃어 주십시오.
당신의 친구가 떠나기 전에
장미가 피고 가슴이 설렐 때
지금 당신의 미소를 주십시오.

불러야 할 노래가 있다면 지금 부르십시오.
당신의 해가 저물면 노래 부르기에는 너무 늦습니다.
당신의 노래를 지금 부르십시오.

**버트 해리** 영국 시인

- 내 삶은 나의 생각에서 움직이고 행동한다. 삶이 영원할 것처럼 행동하지만 내가 소유하는 유일한 시간은 오직 현재 이 순간일 뿐이다.

- 지금 이 순간이 나에게 모든 것이기에 현재를 아끼고 사랑해야 한다.

- 가장 소중하면서도 낭비하기 쉬운 것이 시간이다. 한 번 가버린 시간은 영원히 돌아오지 않는다.

- 우리는 오늘을 살지 못하고 과거나 미래를 살기 때문에 괴로운 것이다. 지금 이 순간이 어떤 목표보다 중요하다. 우리의 삶은 순간의 연속이다.

- 당장이라도 세상을 떠날 수 있는 것처럼 지금 이 순간을 생각하고 말하고 즐기는 삶이어야 한다.

오늘 하루를 헛되이 보냈다면 그것은 커다란 손실이다.
하루를 유익하게 보낸 사람은 하루의 보물을 파낸 것이다.
하루를 헛되이 보냄은 내 몸을 헛되이 소모하고 있다는 것을
기억해야 한다.

**앙리 프레데릭 아미엘** 스위스 작가

# 곱게 보면 꽃 아닌 게 없다

밉게 보면 잡초 아닌 게 없고
곱게 보면 꽃 아닌 사람이 없으되
그대를 꽃으로 볼 일이로다.

털려고 들면 먼지 없는 이 없고
덮으려 들면 못 덮을 허물 없으되

누구의 눈에 들기는 힘들어도
그 눈 밖에 나기는 한 순간이더라.

귀가 얇은 자는 그 입 또한 가랑잎처럼 가볍고
귀가 두꺼운 자는 그 입 또한 바위처럼 무거운 법

생각이 깊은 자여
그대는 남의 말을 내 말처럼 하리라.

겸손은 사람을 머물게 하고
칭찬은 사람을 가깝게 하고
넓음은 사람을 따르게 하고

# 깊음은 사람을 감동케 하니

마음이 아름다운 자여
그대 향기에 세상이 아름다워라.

**정약용** 목민심서

- 명심보감에 "사람을 이롭게 하는 말은 솜처럼 따뜻하지만, 사람을 상하게 하는 말은 가시처럼 날카롭다. 한 마디 말이 잘 쓰이면 천금과 같고 한 마디 말이 사람을 해치면 칼로 베는 것과 같다."고 했다.

- 타인과 적을 만들지도 않고 겸손하고 예절을 지키는 사람은 모든 사람에게 환영을 받고 인정을 받는 사람이다.

- 다른 사람의 관점에서 자신을 바라볼 줄만 알아도 자기모순에 빠지지 않을 것이다.

- "현자는 긴 귀와 짧은 혀를 갖고 있다."는 서양 속담처럼 먼저 생각한 후에 말해야 한다. 성공한 사람들은 말을 아끼며 자기 목소리를 가꿀 줄 안다.

어떤 것에 대해 미운 마음을 품거나
자기가 억울한 일을 당했다고 해서 꼬치꼬치 캐고 들거나
속상해 하면서 세월을 보내기에는
우리 인생이 너무 짧다.

**샤롯 브론테** 영국 소설가

# 마음이 복을 짓는다

당신을 싫어하는 자보다도 당신의 모든 적보다도
다스려지지 않은 마음이 더 큰 해를 끼친다.
당신의 어머니보다도 당신의 아버지보다도
당신의 모든 가족보다도
잘 훈련된 마음이 당신을 행복하게 한다.

붓다

▪ 자신을 발견하는 것은 세상을 발견하는 것보다 훨씬 더 가치 있는 일
이다. 사람은 자신의 의지와 노력에 따라 신성에 가까울 수도 있고 동
물적 야성에 머물 수도 있다.

▪ 채근담에 "운명은 자기 성격에 의해 만들어진다. 모난 물건은 모난 데
가 걸려서 잘 구르지 못한다. 그러나 둥글둥글하면 잘 구른다. 사람
도 성격에 모난 데가 있으면 세상이란 운동장을 굴러가는 데 힘이 들
고 잘 구를 수 없는 법이다."고 했다.

▪ 우리는 많이 가질수록 행복해진다고 믿어왔지만, 행복은 외적 만족
이 아니라 내면의 만족·영혼의 만족으로 채움보다 비움의 삶을 살아
야 한다.

▪ 인간의 욕망은 끝이 없고 우리의 삶은 끝없는 욕망을 부추긴다. 감각
적 쾌락에서 오는 세속적인 욕망에서 벗어나면 진정한 안락을 맛볼
수 있다.

# 행복은 연습하면 할수록
# 더 커진다

내가 이런 식으로 나의 일생을 보낼 수 있다면…
매일 아침 잠자리에서 일어날 때 미소 짓는 것
기회가 가득 찬 하루하루에 감사하는 것
깨끗한 손으로 나의 일에 임하는 것

내가 무슨 일을 하든 그 일을 정말로 내 인생에
가장 아름다운 천직이라 생각하고 일하는 것
모든 사람들에게 내 얼굴의 미소와
내 가슴의 사랑으로 대하는 것
친절하고 예의바른 사람이 되는 것

낮에 최선을 다해 일했기에 잠자리에 들 때는
피곤과 기쁨의 이중주로 달콤한 잠에 드는 것
그런 식으로 나의 일생을 보낼 수 있다면…

**토머스 데커** 영국 극작가

- 미국 철학자 윌리엄 제임스는 "우리 시대의 가장 위대한 발견은 인간이 자신의 마음 자세를 바꿈으로써 삶을 바꿀 수 있다는 사실을 발견한 것이다."고 했다.

- 우리는 끊임없이 내면의 영혼을 성장시켜 보다 나은 사람이 되기 위해 사랑을 키우고 퍼뜨려야 한다.

- 누구나 행복의 요소를 다 가지고 있으나 그것을 알지 못해 느끼지 못하는 것이며, 습관적으로 행복을 연습하면 할수록 행복은 더 커진다.

내가 만일 인생을 사랑한다면
인생 또한 사랑을 되돌려 준다는 것을 알았습니다.

**루빈시타인** 러시아 작곡가

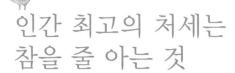

# 인간 최고의 처세는
# 참을 줄 아는 것

누가 당신을 바보라고 부를 때
당신이 기분 나빠하는 이유는
그 말이 사실이라고 믿기 때문이다.
에고를 내려놓으면
누군가 당신을 바보라고 불러도
그것은 당신을 괴롭히지 않는다.
왜 다른 사람이 당신 내면의 행복을
지배하도록 허락하는가.

**아잔 브라흐마** 영국의 명상가이자 불교 승려

- 무심하게 흘려버려도 될 일을 예민하게 받아들여 비웃음을 사게 되고 괴로움을 당한다.

- 인내심 부족으로 잘 참지 못하고 분노를 폭발하여 관계를 단절시키고 나서 후회하기 보다는 참을 때 평화가 찾아오고 행복해진다.

- 철학자 에펙테드는 "인간에게 최고의 처세는 참을 줄 아는 것이며 지혜의 절반은 참는 데 있다. 이는 자기 자신을 이기기 위한 좋은 연습이다."고 했다.

- 미국 시인 R. W. 에머슨은, "우리들이 어디를 가든 무엇을 하든 우리들의 한 가지 연구 대상은 바로 자기 자신이다."고 말했다.

- <경행록>에도 "남이 나를 욕했다고 해서 앙갚음하기 위해 싸우고 때리고 하면 새로운 고통이 따른다. 그렇기 때문에 한 때의 노여움을 참는 것은 장래 일어날 일백 가지 고통을 모면하는 길이다."고 했다.

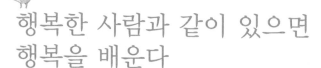

# 행복한 사람과 같이 있으면
# 행복을 배운다

옳지 않은 생각을 일으키지 말고
선하지 않은 사람과 어울리지 말라.

보지 않은 일을 입에 담지 말고
의롭지 않은 재물을 취하지 말라.

건강할 때 병들었을 때를 미리 생각하면
몸을 보호할 수 있고
부유할 때 부족할 때를 미리 생각하면
집안을 지킬 수 있다.

**임칙서** 중국 청나라 말기의 정치가

- 철학자 에펙티토스는 "아무리 깨끗한 사람이라도 불결한 사람과 자주 어울리다 보면 때가 묻는 법이다."고 했다.

- 공손한 사람과 어울리면 오만한 마음이 없어지고 어진 사람과 함께하면 사나운 마음이 없어진다.

- 건강은 스스로 돌볼 때 지켜지는 것, 예방이 치료보다 훨씬 이롭기 때문이다.

- 건강을 잃어 본 사람은 살아 있는 것만으로도 축복이라고 생각한다.

- 고대 그리스 철학자 헤라클레이토스는 "나의 가치는 내가 선택한 것이다. 매일 매일 내가 선택하고 생각하고 행동한 내용에 따라 나의 가치가 형성된다."고 했다.

희망으로 가득 찬 사람과 교류하라.
창조적이고 낙관적인 사람과 소통하라.
긍정적이고 능동적으로 행동하라.
그리고 그런 사람을 자신의 주변에 배치하라.

**노먼 빈센트 필** 미국의 목사, 저술가

# 생각이 만든 기적

마음에 뿌린 생각의 씨앗은
그 속에 뿌리를 내리고
곧 행동이라는 꽃을 피워
기회와 환경이라는 열매를 맺는다.
좋은 생각은 좋은 열매를 맺고
나쁜 생각은 나쁜 열매를 맺는다.
환경이라는 외부 세계는
생각이라는 내면세계에 따라 형성된다.

**제임스 알렌** 영국 문학계의 기인

- 인생을 살아가면서 매 순간 선택을 하고 그 선택은 좋은 판단을 요구
  한다. 지금까지 우리 인생은 스스로 선택하고 행동하고 노력한 결과
  물이다.

- 생각이 그 사람의 인격이 되고 스스로 행동을 만들어 그것이 운명이
  되어 삶의 결과를 가져온다. 좋은 운도 나쁜 운도 자신이 불러온 것이
  다.

- 기대를 적게 가지고 배려하는 마음을 키워 보람 있는 씨앗을 뿌리고
  다니자.

자기 인생의 실패와 몰락에 대해 책임 질 사람은
자신 이외에 아무도 없다.
나는 깨닫게 되었다.
내가 나 자신의 최대의 적이며
나 자신이 비참한 운명의 원인이었다는 것을

**보나파르트 나폴레옹** 프랑스 황제

# 만족

나의 왕관은 머리가 아니라 가슴속에 있다.
그 왕관은 다이아몬드와 화려한 보석으로
장식된 것도 아니며 눈에 보이지도 않는다.
그 왕관의 이름은 만족이다.
어느 왕들이 쉽사리 가질 수 없는 왕관이다.

**윌리엄 셰익스피어** 영국의 극작가

- 미국 사상가 헨리 데이비드 소로는 "나는 내 운명의 주인이며, 나는 내 영혼의 선장"이라고 했다.

- 남들에게는 욕심을 버리라고 하면서 자신은 만족하지 못하는 욕망과 집착 때문에 근심 걱정을 안고 살아간다.

- 스페인의 소설가 세르반테스는 "집착을 버려라. 그러면 지상에서 가장 부유한 사람이 될 것"이라 했고, 맹자는 "구방심(求放心) 잃어버린 마음을 찾는 것, 즉 욕망에 휘둘리는 나를 도로 찾으라."고 했다.

> 그대가 갖고 있는 것에 만족하라. 매사를 있는 그대로 즐겨라. 부족한 것이 아무 것도 없다는 사실을 깨달으면 온 세상이 그대의 것이 되리라. **노자** 도덕경

# 효도는 모든 행실의 으뜸이다

아버지의 걱정 없는 마음은 자식의 효도 때문이다.
남편의 번뇌 없는 마음은 아내가 어질기 때문이다.
말이 많아서 실수하는 것은 모두 술 때문이다.
의가 끊어지고 친했던 사이가 멀어지는 것은
오직 돈 때문이다.                                      **명심보감** 중

- 평소 금강산을 보고 싶다는 아흔이 넘은 아버지를 지게에 지고 금강산에 오른 이군익(당시 42세) 씨는 "지게에 짓눌려 어깨에 피멍이 들면서도 어린애처럼 즐거워하는 아버지를 보면서 아픔을 견딜 수 있었다."며 환히 웃고 있는 모습을 TV에서 본 일이 있다. 참으로 아름다웠다. 효는 인성을 재는 첫 번째 요인이다.

- 사마천에 "가빈사양처(家貧思良妻) 국난사양상(國亂思良相)"이란 말이 있다. 집안이 가난하게 되면 어진 아내를 그리게 되고 나라가 혼란하게 되면 훌륭한 재상을 그리게 된다는 말이다. 어질고 현명한 아내를 얻는다는 것은 하늘이 내려준 축복이자 기쁨이다.

한 아버지는 열 아들을 기를 수 있으나
열 아들은 한 아버지를 봉양하기 어렵다.

독일 격언

# 내 인생에 황혼이 오면

내 인생에 황혼이 오면
나는 나에게 물어볼 이야기가 몇 가지 있습니다.
내 인생에 황혼이 오면
나는 나에게 사람들을 사랑했느냐고 물을 것입니다.
그때 가벼운 마음으로 말할 수 있도록
나는 지금 많은 사람들을 사랑해야겠습니다.
내 인생에 황혼이 오면
나는 나에게 열심히 살았느냐고 물을 것입니다.
그때 자신 있게 말할 수 있도록
나는 지금 맞이하고 있는 하루하루를
최선을 다하여 살아야겠습니다.
내 인생에 황혼이 오면
나는 나에게 사람들에게 상처를 준 일이 없었느냐고
물을 것입니다.
그때 자신 있게 말할 수 있도록
사람들에게 상처 주는 말과 행동을
하지 말아야겠습니다.
내 인생에 황혼이 오면
나는 나에게 삶이 아름다웠느냐고 물을 것입니다.

그때 기쁘게 대답할 수 있도록

내 삶의 나날을 기쁨으로 아름답게 가꿔야겠습니다.

내 인생에 황혼이 오면

나는 나에게 어떤 열매를

얼마만큼 맺었느냐고 물을 것입니다.

그때 나는 자랑스럽게 대답하기 위해

지금 나는 내 마음밭에 좋은 생각의 씨를 뿌려

좋은 말과 좋은 행동의 열매를 부지런히 키워야겠습니다.

내 인생에 가을이 오면

후회 없는 삶을 위하여…

**김준엽** 뇌성마비 시인

발로 글을 쓰며 2011년 첫 **시집 그늘 아래에서** 출간

- 우리 모두는 세상에서 가장 소중한 사람들이다. 우울하고 슬픈 인생도 충만하고 행복한 인생도 내가 만든 것으로 나 자신을 변화시킬 수 있는 마음의 눈이 열리면 모든 것이 전혀 새로운 의미와 가치로 보일 것이다.

- 노자는 "조용하게 다스린 마음 앞에는 온 우주가 굴복한다."고 했다. 눈에 보이거나 보이지 않는 모든 존재와 하나가 되고 모든 생명이 하나라고 생각하면 우주가 내 집처럼 마음이 넓어질 것이다.

- 내 인생은 누구도 대신해 줄 수 없는 나만의 것, 현재의 삶을 있는 그대로 받아들여 삶이 주는 기쁨들을 완전 연소시키는 삶이 후회 없는 삶이다.

내가 사랑하는 것처럼, 또한 그대가 사랑받은 것처럼, 남을 사랑하라.

그대가 받는 것만큼 남에게도 베풀어라.

항상 자신을 낮추고 남을 이롭게 하라.

관용으로써 분노를 극복하라.

선으로써 악을 정복하라.

나 자신의 어리석은 생각, 그릇된 판단,

그리고 잘못을 범하기 쉬운 나쁜 습관을 버려라.

해야 할 일을 하고 감당할 일을 감당하라.

양심은 자신의 유일한 증인이다.

**톨스토이** 러시아 대문호

우리가 진정으로 누군가를 도울 때 그것은 곧 우리 자신을 돕는 일이 된다.

이것은 하나의 법칙이며 삶이 우리에게 가져다주는 가장 아름다운 보상이다.

**R. W. 에머슨** 미국의 시인

# 자기 자신은 운명의 주인이다

나는 가난과 병약함과 배우지 못한 세 가지가
내 인생의 성장 밑거름이 되었다.
집이 몹시 가난해서 어릴 적부터
구두닦이, 신문팔이 같은 고생을 하였고
이를 통해 세상을 살아가는데
필요한 경험을 많이 얻을 수 있었다.
태어났을 때부터 몸이 몹시 약해서 항상 운동에 힘썼기에
늙어서도 건강하게 지낼 수 있게 되었다.
초등학교도 못 다녔기 때문에 세상 모든 사람들을
스승 삼아 질문하며 열심히 배우는 일을
게을리 하지 않았다.

**마쓰시타 고노스케** 마쓰시타 전기 창업주

- 운명의 주인은 자기 자신으로서 자기의 운명을 스스로 만들어가지만 운명을 바꾸는 것도 자신의 마음이다. 어진 마음, 부지런한 습관, 배려하는 마음은 좋은 운명을 만드는 것이다.

- 박복한 운명을 진심을 다해 덕을 쌓고, 사람을 온화하게 대하고 사랑하면서 날마다 잘못된 것을 알아차려 고치고 인생을 허송하지 않으면 운명을 뛰어 넘는다. 중국 명나라 학자 **원료범** 了凡四訓 중

- 경영의 신이라 불리는 마쓰시타 고노스케는 미래를 짊어질 지도자 육성을 위해 사재 700억을 들여 마쓰시타 정경숙(松下 政經塾)을 설립하기도 했지만, 본인은 직접 걸레를 들고 화장실 청소를 하는 등 검소함을 몸소 실천했다.

- 워렌 버핏, 잭 웰치, 월트 디즈니, 샘 월튼 등 미국의 억만장자들은 어릴 때 신문배달을 하여 가난을 극복한 공통점이 있다.

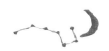

꿈을 향해 자신 있게 걸어간다면
꿈꾸는 대로 살기 위해 노력한다면
꿈은 기대하지 않은 순간 일상이 될 것이다.

**헨리 데이비드 소로** 미국의 사상가

# 생의 모든 순간을 사랑하라

누가 나를 묶어 놓았단 말인가.
자승자박일 뿐이다.
스스로의 집착에 묶여
스스로 속박하고 있는 것이다.

삶의 모든 것을 사랑하라.
이 세상은 날마다 좋은 날이다.
생의 모든 순간을 사랑하라.
명심하라.
인생은 단 하루다.
당신은 지금 무엇을 하며 하루를 보내고 있는가.

**윌리엄 하브리첼**(심장의학 권위자) 생의 모든 순간을 사랑하라 중

- 우리 자신을 얽어매는 것은 사물들이 아니라 우리가 사물에 대해 갖고 있는 집착이기에 우리가 짊어지고 있는 욕망의 무거운 짐을 내려 놓고 순간순간 사랑하고 감동하는 삶이라야 한다.

- 지혜로운 사람은 집착하는 삶이 얼마나 어리석은지 알고 있다. 영국 작가 제임스 알렌은 "현명한 사람은 마음의 평온으로 집착을, 사랑으로 증오를, 선으로 악을 이겨 낸다."고 했다.

# 인생의 비밀 한 가지

인생의 비밀은 단 한 가지
네가 세상을 대하는 것과 똑같은 방식으로
세상도 너를 대한다는 것이다.
네가 세상을 향해 웃으면
세상은 더욱 활짝 웃을 것이요,
네가 찡그리면 세상은 더욱 찌푸릴 것이다.

**러디어드 키플링** 정글북의 저자

- 남을 존경하면 존경하는 연습이 되어 존경받는 사람이 될 것이고 남을 미워하면 자신이 미움 받는 사람이 된다.

- 황금률이란, 남이 자신에게 해 주기를 바라는 것을 자신이 먼저 다른 사람에게 해 주라는 법칙이다. 누군가에게 도움을 받고 싶으면 먼저 남을 도와주고 친절하게 대해 주기를 바란다면 먼저 친절해야 한다.


아침에 눈을 뜨면 무엇보다 먼저
오늘은 한 사람에게 만이라도 기쁨을 주어야겠다는 생각으로
하루를 시작하라.

**니체** 독일 철학자

# 삶을 마음껏 즐기는
# 다섯 가지 부자

돈, 시간, 친구, 취미, 건강의
다섯 가지 부자가 되라고 했다.

첫째, 돈 부자는 얼마를 가졌느냐가 아니고
　　　얼마나 쓰느냐에 달려 있다.
둘째, 시간 부자는 쓸데없는 일에 낭비하여
　　　쫓기는 시간 가난뱅이가 되지 않는 것이다.
셋째, 친구 부자는 친구가 많은 사람은
　　　인생 후반이 넉넉한 진짜 부자이다.
넷째, 취미 부자는 늘 생기가 넘친다.
　　　즐길 수 있는 일이 있어 나날이 설레기 때문이다.
다섯째, 건강 부자는 건강이 빈곤하면
　　　　모든 것이 무의미해진다.

특히 다리부터 튼튼해야하는 것은
여행을 가도 멋진 풍경이나 훌륭한 예술보다
의자부터 먼저 눈에 들어온다.

인생 후반기는 의무의 인생에서
권리의 인생으로 바뀌는 시기이다.
품격 있는 부자가 되어 인생을 마음껏 즐기자.

**이시형** 정신신경과 전문의

- 시간의 참된 가치를 알라. 그것을 붙잡아라. 억류하라. 그리고 그 순간 순간을 즐겨라. 게을리하지 말며 해이해지지 말며 우물거리지 말라. 오늘 할 수 있는 일은 내일까지 미루지 말라

  **체스트 필드 경** 영국 정치외교관

- '질병은 인생을 깨닫게 하는 훌륭한 교사다'라는 말과 같이 건강은 인생의 모든 것이다. 인생은 그냥 사는 것이 아니다. 건강하게 사는 것이다.

  **마르샬**

# 무엇이 성공인가

자주 그리고 많이 웃는 것
현명한 이에게 존경을 받고 아이들에게 사랑을 받는 것
정직한 비평가의 찬사를 듣고 친구의 배반을 참아내는 것
아름다움을 식별할 줄 알며
다른 사람에게서 최선의 것을 발견하는 것
건강한 아이를 낳든 한 뙈기의 정원을 가꾸든
사회 환경을 개선하든
자기가 태어나기 전보다 세상을 조금이라도
살기 좋은 곳으로 만들어 놓고 떠난다는 것
자신이 한 때 이곳에 살았음으로 해서
또 한 사람의 인생이라도 행복해지는 것
이것이 진정한 성공이다.

**랄프 왈도 에머슨** 미국 철학자

- 성공한 사람들은 어려운 시기에는 배움을 가치 있게 생각하고 자기
  가 살아온 세상을 보다 더 좋은 세상으로 만들기 위해 애쓰는 사람들
  이다.

- 한 번뿐인 인생을 아름답게 살기 위해서는 누군가에게 내가 필요로
  하는 삶이어야 하고, 성공은 남에게 과시하기 위한 것이 아니라 내면

의 만족이다.

▪ 성공은 열정적인 삶과 만족한 인간관계, 정서적 심리적으로 안정된 평화로운 마음으로 건강과 활력이 넘쳐나는 삶이다. 성공의 조건으로 미국 성공잡지의 독자들에게 실시한 갤럽 연구조사(1985년)에 의하면 건강을 제 1조건으로 꼽았다.

| 고급 저택 소유 1% | 고급 승용차 2% | 행운 6% |
| 재능 7% | 풍족한 경제 11% | 지성미 15% |
| 좋은 친구 25% | 마음의 평안 34% | 행복한 가정 45% |
| 훌륭한 직업 49% | 좋은 건강 58% | |

# 내려놓기 연습

어디 우산을 놓고 오듯
어디 나를 놓고 오지도 못하고
이 고생이구나.
나를 떠나면
두루 하늘이고 사랑이고 자유인 것을

**정현종** 시인

- 너무나 황홀하고 고요하고 행복한 무심의 경지는 나를 놓아버릴 때 찾아온다.

- 마음에 근심이 늘어가는 것은 버리지 않기 때문이다. 삶이란 소유와 버리기의 치열한 싸움이다.

- 마음으로 붙잡고 있는 세상의 애착을 놓아버리고 어린애와 같은 때 묻지 않은 마음이 자유로운 삶이다.

- '대사일번득도(大死一番得道)'란 말이 있듯이 죽어야 하는 것은 이기심(자아, 에고)이고 마음속의 죄와 그릇된 생각을 버리는 것이다.

진정한 삶의 길을 찾으려면 두 번 여행해야 한다.
첫 번째 여행은 나 자신을 잃는 것이고
두 번째 여행은 나 자신을 발견하는 일이다.

미국 작가 **스튜어트 에이버리 골드** 핑(Ping)중

# 지금 이 순간을 살아라

우리는 자꾸만 과거에 매달려 마음속에
과거를 축적함으로써 신체의 노화를 재촉하고 있다.
과거의 공적이나 모험, 경험 또는 자신이 피해를 당한 일,
피해를 준 일, 두려움을 주고받은 일, 죄 의식, 자부심,
원망, 분노, 자기 연민 등을 만들어내고 생각함으로써
불행을 자초하고 있다.
과거는 과거일 뿐 지금은 필요치 않다.
매일 과거를 떠나 현존을 느껴라.

영국의 명상가 **에크하르트 톨레** 지금 이 순간을 살아라 중

- 우리가 살 수 있는 시간은 과거도 미래도 아닌 지금 현재만이 우리의
  삶이며, 과거나 오지 않은 미래보다는 현재의 삶에서 즐거움을 누려
  야 한다.

- 인생이란 한 번 출발하면 다시 돌아올 수 없는 연습이 없는 실전으로
  오늘뿐이기에 기쁨이 없는 날은 삶을 낭비한 날이다.

- 부족한 부분보다는 지금 가진 것에 감사하며 하루하루를 기쁨과 즐
  거움으로 사는 것이 멋진 인생이다.

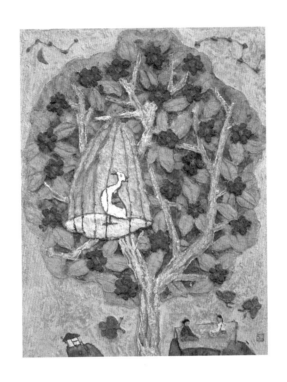

오늘을 잡아라.
오늘에 감사하라.
사랑하고 일하고 뛰놀고
하늘의 별을 올려다 볼 기회가 주어졌을 때

**헨리 반다이크** 영국 화가

# 존재하는 모든 것들은
# 하나로 연결되어 있다

만나는 사람들에게 배려 있게 대하든
무관심하고 적대적으로 대하든
우리 모두 흔들리는 거대한 거미줄에 걸려 있다.
선하게든 악하게든 내 삶은 타인의 삶을 건드리게 되고
타인도 내 삶을 건드리게 된다.
그 흔들림이 어디에서 멈추게 될지
얼마나 먼 곳까지 나의 감촉이 전해질지는
아무도 모른다.

**프레데릭 뷰크너** 미국 작가, 목사

- 존재하는 모든 것들은 하나로 연결되어 누구에게든 서로 영향을 미치게 되므로 내가 누군가를 좋게 생각하면 감정의 변화를 일으켜 감동과 설렘으로 다가온다.

- 우리는 삶을 통해서 다른 사람의 입장이 되어봄으로써 이해와 고통에 공감할 수 있고 인간관계는 더 깊어질 수 있다.

- 사랑하는 사람에게 상처를 준 사람이 나라면 그 상처를 치유해 줄 사람은 나밖에 없다. 자신이 행한 일로 고통 받는 사람이 없어야 한다.

남을 받아들이고 세상을 받아들여라.
그러면 당신은 모든 것이 사랑으로 가득 찼다는 걸
곧 깨닫게 될 것이다.

인도의 영적 스승 **바바 하리다스** 성자가 된 청소부 중

# 간절히 원하면
# 모든 것이 현실이 된다

이 세상에는 위대한 진실이 하나 있어
무언가를 온 마음을 다해 원한다면
반드시 그렇게 된다는 것이야.
무언가를 바라는 마음은
곧 우주 마음으로부터 비롯된 때문이지
이것을 실현하는 게
이 땅에 서 있는 자네가 맡은 임무야.

브라질 소설가 **파울로 코엘료** 연금술사 중

- 우리가 무엇인가를 온 마음을 다해 간절히 원하면 우주의 에너지에 의해 그것은 현실이 된다고 한다. 그것은 우리 마음이 완전히 열려 자아가 사라지고 우주와 하나 될 때 우리가 생각하고 염원하는 일들이 우리에게 다가오는 것이다.

- <화엄경>에서도 "마음은 마치 그림쟁이 같아서 능히 세상을 그려 내나니 일체 존재가 이로부터 생겨나 어떠한 것도 만들지 못함이 없다."고 했다.

- 당신이 상상할 수 있는 모든 것은 현실이 된다.

**파블로 피카소**

▪ 비밀은 당신이 원하는 것이 무엇이든지 행복이든 건강이든 금전이든 얻게 해 준다.

**밥 프록터**

▪ 머릿속으로 자신이 바라는 것을 생생하게 그리면 온 몸의 세포는 모두 그 목적을 달성하는 방향으로 조절된다.

**아리스토텔레스**

# 생각의 힘이 자신을 지배한다

생각이라는 것이 모이면
잠재의식이 각인된 그림이 된다.
그림 상상이 인생에서 자기가 겪어야 할
내부 세계가 되고
그 내부 세계는 외부 세계에 나타나기 때문이다.
우리는 생각을 하면서 살아가게 되어 있다.
생각은 영적인 씨앗이다.
이 씨앗을 잠재의식에 심으면 싹이 터져 자라난다.
잠재의식이 몸에 미치는 영향은
우스운 말을 들으면 몸이 흔들릴 정도로 웃는다.
동정심이 자극되면 눈물이 고인다.
화가 나면 얼굴이 붉어진다.
가장 큰 적이고 제거해야 할 것은 두려움이다.
사람은 늙고 병들고 죽는 것을 두려워한다.
가진 것을 잃어버릴까 두려워한다.
장래의 삶을 두려워해서 쌓아두려고 애를 쓴다.
두려움은 강력한 에너지이고 생각이다.

법조인 임희동 마음 법칙 중

- 인생은 그 사람의 생각의 소산이다. 생각 그 자체가 우리 자신이고 생각대로 살아가고 생각의 힘이 자신을 지배한다.

- 행복한 삶을 원한다면 행복의 씨앗을 뿌려야 한다. 지금 일어나는 모든 일들은 과거에 내가 선택한 뿌린대로 거둔 결과물이다.

- 우리는 무수한 선택을 하면서 살아간다. 지금 이 순간에도 내가 선택한 것이 주변 사람들에게 좋은 결과를 줄 수 있을 것인가 숙고해야 한다.

- 우리가 선택한 생각과 행동은 반드시 같은 형태로 우리에게 돌아온다. 선택이 바뀌면 인생이 바뀐다.

인생은 나이가 아니라 행동이고
호흡이 아니라 생각이며
존재가 아니라 느낌이다.

**필립 베일리** 미국 음악가

# 나누어 가짐으로써 채워진다

웃어라.
기뻐하라. 그러면 사람들이 당신을 찾게 될 것이다.
슬퍼하라. 그러면 사람들이 돌아서 가 버릴 것이다.
기뻐하라. 그러면 당신의 친구들이 많아질 것이다.
슬퍼하라. 그러면 당신은 모든 것을 잃게 될 것이다.
잔치를 베풀어라.
그러면 당신의 집은 사람들로 붐빌 것이다.
혼자 먹으라.
그러면 세상 사람들은 모두 당신을 지나쳐 갈 것이다.

**윌콕스** 미국 시인

- 세상의 모든 것을 가졌더라도 기쁘지 않으면 무슨 의미가 있을까.

- 아름다운 세상 행복한 삶을 원한다면 누군가에게 베풀고 웃음과 기쁨을 줄 수 있는 삶, 오늘 하루 춤추듯 즐겁게 가슴 뛰는 삶을 사는 것이 후회 없는 아름다운 삶이 될 것이다.

- 이 세상을 위해 우리가 할 수 있는 가장 멋진 일은 이 세상을 즐기는 것이다.

회두시안(回頭是岸)
산이 돌지 않으면 길을 돌리고
길이 돌지 않으면 사람이 돌아가고
사람이 돌아갈 수 없으면 마음을 돌려라.
순리대로 따라야지 욕심낸다고 될 일이 아니다.
욕심대로 상대방을 변화시키려는 것은 어리석은 일이다.

**성엄** 대만 스님

# 삶은 짧고 소중하다

사람이 백 년을 산다 하더라도
어려서 부모 품에 안겨 있을 때와
늙어서 힘없을 때가 거의 절반을 차지할 것이다.
그리고 밤에 잠자는 시간과
낮에 깨어 있을 때 헛되이 보내는 시간이
또 거의 절반을 차지할 것이다.
또한 아프고 병들고 슬프고 괴로워하며
실망하고 근심하고 두려워하는 시간이
거의 절반을 차지할 것이다.
수십 년 동안을 헤아려보아도
조그마한 걱정도 없이 유유자적할 수 있는 때는
한 시간도 안 될 것이다.

**열자** 중국 전국시대 사상가

- 인생은 두 번 다시 되풀이되지 않는다. 기껏 백 년을 살면서 기쁨과 슬픔, 고난과 실패를 겪으면서 눈 깜빡할 사이에 지나가 버린다.

- 잃어버린 물질적인 것은 다시 찾을 수 있지만 한 번 지나간 인생은 되돌릴 수 없는 것이기에 인생을 헛되이 보내지 않도록 즐거움을 스스로 만들어 기쁨을 즐겨야 한다.

▪ 시인 데이비드 소로는 "인생은 짧고 되돌릴 수 없다. 하지만 우리는 삶의 순간순간마다 경이로움에 놀라며 삶의 의미를 맛볼 수 있다. 이 얼마나 소중한 시간들인가."라고 했다.

백 년도 못 사는 인생
늘 천 년의 근심을 안고 있네.
제 몸 병 낫지도 않은데
또 자손 아플까 걱정하네.

**한산 스님** 중국 당나라 선사

# 인생은 단 한 번의 추억 여행

눈물겹도록 사랑을 하다가
아프도록 외롭게 울다가
죽도록 배고프게 살다가
어느 날 문득 삶의 짐 다 내려놓고
한 줌의 재로 남을 내 육신

그래 산다는 것은
짧고도 긴 여행을 하는 것이겠지.
처음에는 나 혼자서
그러다가 둘이서
때로는 여럿이서
마지막에는 혼자서 여행을 하는 것이겠지.

산다는 것은 사실을 알고도 모르는 척
사람을 사랑하고도 아닌 척
그렇게 수백 년을 지나치면
삶이 지나간 흔적을 발견하겠지.

아- 그때는 참 잘 했어.

아- 그때는 정말 아니었어.
그렇게 혼자서 독백을 하면서 웃고 하겠지.

아마도 여행 끝나는 날에는
아름다운 여행이길 소망하지만
슬프고도 아픈 여행이었어도
뒤돌아보면 지우고 싶지 않은 추억이겠지.
짧고도 긴 아름다운 추억 여행…
그래 인생은 지워지지 않는 단 한 번의 추억 여행이야.

**김정한** 시인

- 우리는 한 치 앞도 알 수 없이 결국은 인생의 끝을 맞이하게 되는 존재이지만 즐겁고 행복하고 어렵고 힘든 세상에서 사랑과 꿈이 있어 그래도 버티고 웃을 수 있다.

- 만약 오늘이 내 인생의 마지막 날이라면 나는 무엇을 할 것인가. 스티브 잡스가 매일 거울을 들여다보며 한 말이다.

- 오늘이 인생의 마지막 날이라고 생각한다면 선량하게 일 분 일 초를 아쉽게 생각하며 살아가지 않을까.

# 돈 부자가 아니라
# 사람 부자가 되어라

세상에는 참으로 많은 고통이 있습니다.
굶주림에서 오는 고통, 집 없음에서 오는 고통
온갖 질병에서 오는 물리적인 고통들이 있습니다.
그러나 외로운 것, 사랑받지 못하는 것
바로 곁에 아무도 없는 것이야말로
가장 큰 고통이라고 나는 생각합니다. **마더 테레사** 성인

- 인생의 막다른 골목에서도 혼자가 아님을 느낄 수 있는 사람, 조건 없이 사랑을 주고받을 수 있는 사람, 사람들에게 친절과 웃음과 기쁨이 넘쳐 흐르게 하는 사람은 가치 있는 사람이다.

- 인간으로서 인간다운 대접을 제대로 받지 못하고 사람들에게서 잊혀지는 것보다 더 비참한 일은 없다.

- 내가 찾아갈 집이 있고 가족이 있다는 것만으로도 행복한 사람이다.

어찌하면 넓고 큰 집 천만 칸을 마련하여
세상의 춥고 가난한 사람 모두 기쁜 얼굴 갖게 할까.
**두보** 중국 당나라 시인

# 사치와 쾌락의 노예가 되지 말라

벌레들은 불에 타 죽는지도 모르고 불속으로 뛰어든다.
물고기는 위험한 줄도 모르고 낚시 끝의 먹이를 문다.
그러나 사람들은 불행의 그물이 있음을 잘 알면서도
관능적인 향락에서 떠나지 못한다.
인간의 어리석음도 이처럼 끝이 없다.　　　　　인도 격언

▪ 사람들은 잠을 자지 않고 담배를 피우고 술을 마시며 향락에 젖기 일
쑤이다. 승진, 좋은 자동차, 넓은 집에 목을 매고 몸을 혹사시켜 건강
을 해치고 있다.

▪ 현대인들은 조금만 손을 뻗치면 몸을 즐겁게 할 수 있는 것이 주변에
널려 있다. 그런 유혹에 쉽게 넘어가는 것은 스트레스 해소책으로 쾌
락을 선택하지만 몸은 만신창이가 되고 만다. 세네카는 "생명이 짧은
것이 아니라 스스로 단축시키고 있다."고 했다.

▪ 건강은 가장 소중한 선물이다. "우리 몸은 귀한 것이다. 그것은 깨달
음을 위한 도구이다. 조심스럽게 다루어."라고 붓다가 말했다.

▪ 행복은 오직 건강에 달려 있다. 수입이나 명예, 승진 등을 위해서 건
강을 희생한다는 것은 가장 어리석은 짓이다. 인간의 생명은 존엄하
다. 하나 밖에 없는 생명을 귀중하게 간직하는 것은 우리들의 의무이
다.

# 감사의 역량에 따라
# 행복의 크기가 달라진다

"나는 감사합니다, 고맙습니다. 나는 진실로 복 받은 사람입니다."라고 말하지 않고 지나가는 날이 단 하루도 없다. 당신은 당신의 삶을 책임지고 있다. **오프라 윈프리** 미국 방송인

- 영국 속담에 '감사는 과거에 주어지는 덕행이 아니라, 미래를 살찌게 하는 덕행'이란 말이 있다. 우리의 마음 상태가 우리가 경험하는 세상을 만들어간다. 갖지 못한 것을 갈망하기보다는 주어지는 선물을 감사히 여김으로써 행복해질 수 있다.

- 미국 정치 이론가 제임스 밀러는 "감사의 역량에 따라 행복의 크기가 결정된다."고 했다.

> 매일 세수를 하듯 밥을 먹고 물을 마시듯 우리 마음도 매일 닦고 가꿔야 합니다. 우리 몸에 좋은 영양분을 섭취하는 것처럼 우리 마음에도 좋은 생각, 좋은 말을 심어주어야 합니다. 사랑합니다. 행복합니다. 기쁩니다. 스스로에게 그리고 타인에게 반복해서 말해 주고 생각하게 할 때 그 동사가 주는 힘은 나와 당신을 엄청나게 변화시켜 줍니다.
>
> **성전 스님** 이 세상에 당신과 함께 있어 기쁩니다 중

# 오늘이 마지막 날인 것처럼
# 살아라

사랑하라, 한 번도 상처 받지 않은 것처럼
춤추라, 아무도 바라보고 있지 않은 것처럼
노래하라, 아무도 듣고 있지 않은 것처럼
일하라, 돈이 필요하지 않은 것처럼
살아라, 오늘이 마지막 날인 것처럼

**알프레드 디 수자** 여류 화가

- 긍정심리학 창시자인 마틴 셀리그만은 "행복한 사람들의 특성 중 하나가 낙관주의"라고 했다.

- 자신에게 실패와 역경이 왔을 때 빠른 시간 내에 털어버리고 좋아하고 가치 있다고 생각하는 일을 함으로써 목표를 이루는 과정에서 행복을 찾을 수 있다.

- 행복해지고 싶다면 행복한 사람과 어울리고 불행해지고 싶다면 불행한 사람 옆에 있으면 된다.

- 소크라테스는 "인간다운 삶이란 좋은 집에서 잘 태어나 부유하게 사는 것이 아니라 인생이 던지는 시련과 고난을 맞으며 꿋꿋이 사는 것이다."고 했다.

삶에서 자신에게 속하는 슬픔을 견디는 법을 배워야 한다.
그래야만 무엇을 성공이라 하는지
무엇을 진정한 행복이라 하는지 깨달을 수 있다.

**리자청** 중국 기업인

# 타인을 고치려 들기보다
# 자신을 먼저 개선하라

너는 그르고 나는 옳다고 말하는 것은
사람이 사람에게 할 수 있는 말 중
가장 잔인한 말이다.

**톨스토이** 러시아 대문호

- 말은 자신의 인격이며 지혜이다. 한 마디 한 마디가 그 사람의 품격을 나타낸다. 우리가 하는 말이 상대방에 감동과 기쁨을 줄 수도 있지만 화의 근원이 되어 상처를 주기도 한다.

- <아함경>에서도 "타인은 곧 나이고 나는 곧 타인이라고 생각하여 나 아닌 남에게 상처를 주어서는 안 된다."고 했다.

- 인생이란 사람과 만나 사람과 부대끼는 것, 좋은 성품을 지닌 사람은 일부러 상대의 잘못을 눈감아줌으로써 용서와 관용을 할 줄 안다.

- 주위 사람의 성격과 능력을 바꾸려 하지 말고 먼저 상대방의 관점을 이해하라.

- <채근담>에서 "남에게 관대하고 자신에게 엄격하라. 자신에게만은 아무리 엄격해도 손해 볼 일이 없다."고 했다.

- 비난과 험담은 세 사람을 잃는다. 자신과 듣는 사람 그리고 비난 받는 사람이라는 말이 있다.

# 늘 곁에 있는 것의 소중함

만약 내가 사흘간 눈을 뜨고 세상을 볼 수 있다면
첫날에는 나를 가르쳐 준 설리번 선생님을 찾아가
그 분의 얼굴을 보겠습니다.
그리고 산으로 가서
아름다운 꽃과 풀과 빛나는 노을을 보고 싶습니다.
둘째 날엔 새벽에 일어나
먼동이 터 오는 모습을 보고 싶습니다.
저녁에는 영롱하게 빛나는
하늘의 별을 보겠습니다.
셋째 날엔 아침 일찍 큰 길로 나가
부지런히 출근하는 사람들의
활기찬 표정을 보고 싶습니다.
점심 때는 좋은 영화를 보고
저녁에는 화려한 네온사인과
쇼윈도의 상품들을 구경하고
저녁에 집에 돌아와
사흘간 눈을 뜨게 해 주신
하나님께 감사의 기도를 드리고 싶습니다.

**헬렌 켈러** 미국의 작가

- 우리가 매일 누리는 평범한 일상들이 헬렌 켈러에게는 너무나 간절한 것이었다. 우리는 우리가 가진 것이 얼마나 소중한 것인지 모르고 살아간다.

- 사람들을 어리석게 만드는 것은 가진 것에 만족하지 못하는 애착과 탐욕이다.

- 불행에서 벗어날 수 있는 길은 행복의 눈빛으로 세상을 바라보는 것이다. <성서>에서도 "가진 것에 만족한 자여, 복 받을 지어다."라고 했다.

늘 곁에 있는 것의 소중함
내일이면 장님이 될 것처럼 당신의 눈을 사용하십시오.
그와 똑같은 방법으로 다른 감각들을 적용해 보시기를
내일이면 귀머거리가 될 것처럼 말 소리와 새 소리
오케스트라의 힘찬 선율을 들어 보십시오.
내일이면 다시는 사랑하는 사람들의 얼굴을 못 만져 볼 것처럼
만져 보십시오.
내일이면 다시는 냄새와 맛을 못 느낄 것처럼 꽃향기를 마시며
손길마다 맛을 음미하십시오.

**헬렌 켈러**

# 삶이란 베풀고 사랑하는 것

때때로 자신에게 질문해 보라.
나의 생각, 말, 그리고 행위가
친구, 배우자, 이웃, 자녀, 직장 상사 및 동료나 후배,
시민들에게
얼마나 영향을 미치는가.
내가 만나는 모든 사람들의 정신적인 성장을 위해
나는 어떤 역할을 하고 있는가.
당신 스스로 모범이 됨으로써
다른 사람들 속에 내재해 있는 장점들을 끄집어내라.

**에픽테투스** 그리스 철학자

- 노자가 말한 마지막 가르침은 사랑과 절제, 겸허이다. 삶이란 베풀고 사랑하는 것, 사랑이 없는 삶이란 그 무엇도 불가능하다.

- 자신의 부족한 것에 매달리기보다는 가진 것에 감사하는 미덕과 겸손한 태도는 사람들에게 호감을 받는 덕목이다.

- 지혜로운 사람은 항상 사람들을 도와주려고 한다. 무엇보다 주는 마음이 우리에게 만족감과 기쁨, 자신의 영혼을 성숙시켜 주기 때문이다.

베풀고자 하는 생각
축복해 주려는 생각
작은 기도
그것만으로도 다른 사람에게 영향을 끼칠 수 있다.

**디팩 초프라** 하바드대 교수


천지는 머무는 여관이요
시간은 그곳을 지나가는 영원한 나그네

**이백** 중국 당나라 시인

# 마음의 문을 여는
# 지혜와 깨달음

당신은 당신 운명의 건축가이고

당신 운명의 주인이며

당신 인생의 운전사다.

**브라이언 트레이시** _캐나다 컨설턴트

# 아버지의 기도

오, 주여!
제 아이를 이런 사람으로 만들어 주소서.
자신의 약한 부분을 알 만큼 강하고
두려울 때 두려워하는 자신에 맞설 만큼 용감하고
정직한 패배에 부끄러워하지 않고 꼿꼿하며
승리를 얻었을 때 겸손하고
너그러운 사람이 되게 하소서.

생각할 때 고집하지 않게 하시고
주를 알고 자신을 아는 것이
지식의 초석이 됨을 아는 자녀가 되게 하소서.

비옵나니 그를 쉽고 편안한 길로 인도하지 마시고
고난과 도전이 주는 시련과 자극을 받게 하소서
그리하여 폭풍우 속에서도 감연히 맞서며
실패하는 이들에게 동정심을 가지는 법을 배우게 하소서.

마음이 깨끗하고 목표를 높이 세우며
남을 다스리려고 하기 전에

먼저 자신을 다스리는 사람이 되게 하소서.
또한 웃는 법을 배우되 우는 법을 잊지 말게 하소서.
미래를 향해 나아가되 과거를 잊지 말게 하소서.

그리고 이 모든 것을 다 갖추게 하신 다음에
비옵나니 넉넉한 유머 감각을 더 주소서.
그리하여 늘 진지함을 잃지 아니하면서도
지나치게 심각한 사람이 되지 않게 하소서.

그에게 겸손함을 주시어
참된 위대성은 소박함에 있고
참된 지혜는 열린 마음에 있으며
참된 힘은 온유함에 있음을 기억하게 하소서.

그리하면 아비 되는 저 스스로에게
내가 헛되이 살진 않았구나 라고
감히 속삭일 수 있게 될 겁니다.

**맥아더** 장군

'노병은 죽지 않고 다만 사라져 갈 뿐이다'는 명언을 남긴 맥아더 장군은 마흔
여덟에 얻은 아들을 위해 기도문을 썼다.

- 시련 없이 편안하게 살아가는 사람을 온실의 장미에 비유한다. 고통스런 시련에 부딪히며 자신의 목표를 이루기 위해 노력하는 사람은 용기와 지혜가 있는 사람이다.

- 그리스 철학자 탈레스는 '가장 어려운 것은 자신을 아는 것 가장 쉬운 일은 남에게 충고하는 것'이라 했다. 높은 지위에 오를수록, 학식이 많으면 많을수록 겸손해지며 결코 교만하지 않는다.

- 즐거운 영혼을 가지고 있는 사람은 얼굴에 미소로 나타난다. 미소는 상처 주지 않으면서 상대에게 호감을 준다.

- 유머는 '생각의 미소'라고 한다. 한 마디 유머가 어두운 분위기를 밝게 만들어 준다.

인생에서 절대적으로 올바른 길은 없다.
그러나 비교적 편안하게 목적지로 인도하는 길은 있다.
우리는 성스러운 자아와 조화를 이루면서 살아가려고 노력해야 한다.
그것은 숨 쉬는 것만큼이나 자연스러운 일이다.

**베티에디** 작가

# 살면서 사랑을 주고받았는가

살면서 그대는 사랑을 주고받았는가
살면서 그대는 할 수 있는 모든 것을 했는가
살면서 그대는 이곳을 조금이나마 살기 좋게 만들었는가

**엘리자베스 퀴블러 로스** 스위스 작가

삶과 죽음에 대한 인간의 태도를 연구해 온 인생수업 의 저자

- 힌두교 전설에 의하면 천국에 들어가려면 두 가지 질문에 답해야 한다. 첫 번째 질문은 '인생에서 기쁨을 누렸는가?' 두 번째 질문은 '당신의 인생이 다른 사람을 기쁘게 해 주었는가?'

- 티벳 불교에서 전하는 것으로 "마음에 사랑과 연민을 가득 담고 생각할 때나 행동할 때 언제나 그 작용을 모든 살아 있는 존재들에 대한 봉사로 향해야 한다."는 가르침이 있다.

만약 내가 한 사람의 가슴앓이를 멈추게 할 수 있다면
나 헛되이 사는 것이 아니라
만약 내가 누군가의 아픔을 쓰다듬어 줄 수 있다면 혹은 고통
하나를 가라앉힐 수 있다면 혹은 기진맥진 지친 한 마리 울새
를 둥지로 돌아가게 할 수 있다면
나 헛되이 사는 것은 아니리.　**에밀리 E. 디킨슨** 미국 여류 시인

# 항상 나를 가로막는 나

삶이 힘든 것이 아니라
나 자신이 힘든 것이다.
어려움에서 나를 구출해 내는 것도
곤경에 빠뜨리는 것도
나 자신이다.

진정한 의미에서
나를 방해할 수 있는 사람은
아무도 없다.

뭔가 일이 풀리지 않는다고 생각될 때에는
자신이 했던 말과 행동을 추적해 보라
그러면 알게 될 것이다.

항상 당신을 가로막는 것은
당신이었다.

**알프레드 아들러** 개인 심리학 창시자

- 나에게 힘든 일이 있다면 내 안에 원인이 있을 것이니 나에게 물어야 한다.

- 플라톤은 말했다. "인간에게 있어서 가장 아름다운 진실은 마음가짐을 바꾸면 현실을 바꿀 수 있다."고

- 길은 열려 있지만 늘 자아(에고)가 걸림돌이 된다. 누구도 내 삶을 대신할 수 없다. 내가 나를 바꾸지 않으면 아무 것도 변하지 않는다.

- 내 것이라고 집착하는 마음이 괴로움을 일으키는 근본이 된다. 내 사람, 내 자식, 내 재산 등 나에게서 한 치도 벗어나지 못하는 것이 에고다. 내가 없으면 세상은 넓고 편한데 내가 세상을 좁게 만들고 있다.

사람은 자신이 자신에게 기대하는 대로 된다.

**마하트마 간디** 인도의 정신적 지도자

# 우리는 사람과의 관계에서 성장한다

인간이란 존재는 여관과 같습니다.
매일 아침 새 손님이 찾아옵니다.
기쁨, 우울, 비열,
때로는 순간의 깨달음이 찾아오기도 합니다
기대하지 않았던 손님 모두를 환영하고 접대하십시오.
비탄의 무리가 당신 집을 거칠게 휩쓸고
가구를 부수더라도 모든 손님을 극진히 대접하십시오.
그러면 그 손님들이
당신을 새로운 기쁨으로 깨끗하게 씻어 줄 것입니다.
어두운 생각, 수치, 원한을 웃음으로 맞으십시오.
그리고 당신의 집에 초대하십시오.
누가 오더라도 감사하십시오.
그들 모두는 저 너머로 당신을
안내하고자 찾아 왔습니다.

**잘랄루딘 루미** 페르시아의 신비주의 시인

- 이 세상의 모든 일은 만남을 통해서 이루어지고 어떤 대상도 만남을 통해서 사랑으로 끌어안을 수 있다.

- 누구를 만났는지 누구와 사귀는지에 따라 인생이 좌우되고 운명이 결정된다.

- 사람보다 소중한 존재는 없다. 붓다는 '그대 마음이 모든 것을 끊임없이 받아들이는 대지와 같게 하라'고 했다. 산다는 것은 사람을 귀하게 여길 줄 알고 내가 좋은 사람이 되면 좋은 사람들이 모이게 될 것이다.

어떤 사람은 우리 삶속으로 들어와 잠시 머물다 떠나지만
어떤 사람은 잠시 머무는 동안
우리 삶을 크게 변화시키는
아름다운 발자국을 가슴에 남겨놓고 떠난다.

**플라비아 위즈** 작가

# 목수의 집

나이가 많아 은퇴할 때가 된 한 목수가
'이제 일을 그만두고 남은 여생을 가족과 보내고 싶다'고
말했다.
고용주가 가족의 생계를 걱정하며 극구 말렸지만
목수는 앞으로도 잘 살아갈 수 있다면서
그만두겠다고 했다.
고용주는 훌륭한 일꾼을 잃게 되어
무척 유감이라고 말하면서
마지막으로 집을 한 채 지어줄 수 있는지 물었다.
목수는 "물론입니다."라고 대답했지만
마음은 이미 일에서 멀어져 있었다.
그는 형편없는 일꾼들을 급히 모으고는
조악한 자재를 사용하여 집을 지었다.
집이 완성되었을 때 고용주가 집을 보러 왔다.
그는 집을 보는 대신 목수에게 현관 열쇠를 집어 주면서
"오랫동안 당신이 저를 위해 일해 준 보답입니다."라고
말했다.
충격적인 일이었다.
만일 목수가 자신의 집을 짓는다는 사실을 알았더라면

더 이상 수리할 필요가 없는
훌륭한 집에서 살 수 있었을 것이다.

**존 퍼먼** 행동 훈련가

- 일을 행복으로 느끼는 사람은 성공한 인생이지만 돈 때문에 일하는 사람은 행복과는 멀어져 있는 사람이다.
- 지금 하는 일에 즐거움이 없다면 다른 일을 찾아 재미있는 일을 해야 한다.
- 철강왕 앤드류 카네기는 '자기 일에 미치지 않은 사람이 성공한 예를 보지 못했다'고 했다.

일이 즐거우면 세상은 낙원이요
일이 괴로우면 세상은 지옥이다.
일은 축복이며 즐겁고 희망적인 일이 행복이다.

**막심 고리키** 러시아 작가

# 괴로움으로부터 자유로운 삶

내가 태어났을 때 나는 울었고
내 주변의 모든 사람들은 웃고 즐거워했다.
내가 내 몸을 떠날 때 나는 웃었고
내 주변의 사람들은 울며 괴로워했다.
덧없는 삶의 유혹으로부터 벗어나라.
자만심으로부터 무지로부터
어리석음의 광기로부터 속박을 끊어라.
그때 비로소 그대는
모든 괴로움으로부터 완전히 자유로우리라.
생과 사의 사슬을 끊어라.
어리석은 삶으로 빠져드는 이치를 알고
그것을 끊어 버려라.
그때 비로소
그대는 이 지상의 삶에 대한 욕망으로부터
자유롭게 되어 고요하고 평온하게
그대의 길을 걸어가리라.

**티벳 사자의 서**

- 인간은 자신만의 삶을 살지 못하고 타인의 삶을 흉내 내며 살아가지만 결코 만족하지 못한다.

- 깨달은 사람은 어떤 사람도 사랑할 수 있으며 어떤 조건에서도 기뻐하고 행복할 수 있는 사람이다.

- 성 아우구스티누스는 <고백록>에서 '20대에 들어서면서 두 가지를 깨닫게 되었다. 학문이나 지성이란 그에게 질문하고 의심하게 하는 법만 가르칠 뿐 진리를 알게 하지 않는다는 것과 쾌락을 그토록 오래 추구해 보았지만 행복은커녕 오히려 더 불행해 질뿐이다'고 했다.

- 장자는 '마음이 크면 만사가 다 통하고, 마음이 작으면 만사가 다 병이 된다'고 했다.


사람의 생명은 보석보다 더 귀하다.
잃기는 쉽지만 얻기는 어렵다.
번갯불만큼 짧은 인생에서 깨달음을 얻으려면
세속의 모든 것을 밀 껍질처럼 버리고
본성을 찾아 밤낮 없이 노력해야 한다.

**제이 린포체** 티벳 수행자

린포체 : 티벳 불교의 특징으로 과거 생에 출가 수행자로 수도에 전념하다가 죽은 후 다시 인간의 몸을 받아 환생하였다는 것이 증명된 사람.

# 세속의 부자보다
# 영혼의 부자가 더 행복하다

가령 저 세상이 있고
선한 행위에 대한 과보가 있다고 하자.
그렇다면 죽은 후 육신이 흩어졌을 때
나는 지복을 누리는 선처, 즉 천상세계에
태어날 수 있을 것이다.
이것이 그가 얻은 첫 번째 안식이다.
가령 저 세상이 없고 선한 행위에 대한
과보가 없다고 하자.
그렇다 해도 지금 여기 바로 이 세상에서의
증오와 원한을 여의고
나는 스스로를 안전하고 행복하게 지킨다.
이것이 그가 얻은 두 번째 안식이다.

**깔라마경** 중

- 마음의 안정과 행복을 원하는 사람들은 자기 영혼을 깨끗이 하려 한다. 나이 들어 자신을 괴롭히는 것은 양심대로 살지 못한 기억들이 후회를 낳기 때문이다.

- 세속의 부자보다 영혼의 부자가 더 값진 행복이다. 나폴레옹은 '우리가 어느 날 마주친 불행은 우리가 소홀히 보낸 지난 시간에 대한 보복'이라고 했다.

- 법정스님은 임종을 앞두고 '어릴 때 친구들과 어울려 불구자 엿장수의 엿을 훔쳐 먹은 것이 평생 그림자처럼 따라다니면서 괴롭혔다'고 했다. 가장 행복한 사람은 과거가 없다는 말이 있다. 나는 선행이든 악행이든 내가 지은 업의 상속자다.


나를 지키는 일.
진실로 자기를 소중히 여긴다면 나쁜 마음을 먹지 말아야 한다.
나쁜 짓을 멀리 하고 선행을 쌓으면
그 마음은 항상 편할 것이다.
진실로 자기를 사랑하는 사람이라면
나를 해치는 세상의 모든 것으로부터
나를 지킬 줄 알아야 한다.

**잡아함경** 중

# 세상의 유혹으로부터
# 자신을 지켜 내어라

세상에 제일 고약한 도둑은
바로 자기 몸 안에 있는 여섯 가지 도둑일세.
눈 도둑은 보이는 것마다 가지려고 성화를 부리지
귀 도둑은 그저 듣기 좋은 소리만 들으려 하네.
콧구멍이란 놈은 좋은 냄새는 제가 맡으려 하고
혓바닥 도둑은 온갖 거짓말을 다하고
맛난 것만 먹으려 하지.
제일 큰 도둑은 훔치고 못된 짓만 골라 하는 몸뚱이 도둑
마지막 도둑은 생각 도둑, 이 놈은 싫다.

**일연 스님** 삼국유사 찬술

- 갖고자 하는 욕심보다 더 큰 허물은 없다. 물질적인 욕망을 줄이지 못하는 삶에는 평화란 없다. 집착하는 순간 자유를 잃게 된다. 자신을 사랑한다면 세상의 유혹으로부터 자기 자신을 지켜가야 한다.

- 인생은 가진 것만큼 무거워져 고통을 가져온다. 가볍고 청정하게 살고 싶다면 옹졸하고 변덕스러운 마음을 다 버려야 한다.

- 그리스 철학자 에피큐로스는 '남을 행복하게 해 주려거든 돈을 보태 주지 말고 그의 욕심을 제거시켜 주라'고 했다.

욕구가 많을수록 사람은 많은 것에 예속된다.
많은 것에 욕구를 느끼면 느낄수록
점점 자신의 자유를 잃어버릴 것이기 때문에
완전한 자유는 전혀 아무 것도 바라지 않을 때 얻을 수 있다.
욕구를 적게 가지면 가질수록 사람은 한층 더 자유롭다.

**조로아스터** 조로아스터교 창시자
자라투스트라의 영어식 이름

# 인생은 예술이요
# 생애는 작품이다

어떤 이는 인생을 하나의 예술작품에 비유한다.
인생이라는 대리석이 나에게 주어졌다.
이 대리석을 가지고 어떤 작품을 만드느냐.
인생은 예술이요 생애는 작품이다.
우리는 명작을 만들어야 한다.

어떤 이는 인생을 농사에 비유한다.
동산에 밭을 갈고 씨를 뿌리고 열매를 맺듯이
저마다 자기의 농사를 짓는 농부와 같다.
뿌린 만큼 얻고 땀 흘린 만큼 거두면서
인생을 살아 간다.
우리는 인생 농사를 잘 지어야 한다.

어떤 이는 인생을 한 페이지씩 책을 쓰면서 살아간다.
명저를 쓰는 이도 있고 졸작을 남기는 이도 있다.

**안병욱** 철학자

▪ 성공한 사람들은 그 성공에 비례할만한 노력을 기울여 온 땀의 결과이며, 희망과 꿈을 가지고 최선을 다하는 사람들은 그 결과의 열매를 거둬들이고 보상을 받는다.

▪ 때로는 힘들고 버거운 삶일지라도 신념을 가지고 노력을 하는 삶이 명작의 인생을 만들어 간다.

▪ 독일 계몽사상가 G. E. 레싱이 한 말이다. "모든 위대한 사람들의 발자취를 보라. 그들이 걸어온 길은 고난의 길이며 자기희생의 길이었다. 자기를 희생할 줄 아는 사람만이 위대해질 수 있다."

대개 행복하게 지내는 사람은 노력가이다.
게으름뱅이가 행복하게 사는 것을 보았는가.
노력의 결과로서 오는 어떤 성과의 기쁨 없이는
누구도 참된 행복을 누릴 수 없기 때문이다.
수확의 기쁨도 그 흘린 땀에 정비례하는 것이다.

**윌리엄 블레이크** 영국의 시인

# 다른 사람의 행복을
# 소중히 여기는 지혜

소원을 들어주는 보석보다 소중한 모든 중생을
크나큰 행복으로 이끌려는 원을 세우고
늘 그들을 소중히 여기게 하소서.

다른 이를 대할 때마다 나를 가장 낮게 여기고
마음속 깊이 다른 이를 높이 받들게 하소서.

어떤 일을 하든 마음을 살피고
미혹이 생겨 나와 다른 이를 위험에 빠지게 할 때마다
당당히 맞서 위험을 면하게 하소서.

격심한 죄와 고통에 눌린 사악한 품성을
지닌 이를 만나면 귀한 보물이라도 찾은 듯이
그를 소중히 여기게 하소서.

남이 시기심 때문에 나를 비방하고 욕설을 퍼부을 때,
내가 패배하고 승리는 다른 이에게 돌아가게 하소서.

내가 큰 소망으로 은혜를 베푼 이가
마음을 몹시 상하게 할 때
그를 높은 스승으로 보게 하소서.

직접, 간접으로
내 모든 어머니들에게 은혜와 기쁨을 베풀게 하시고
어머니가 겪는 해악과 고통은 내가 은밀히 지게 하소서.

여덟 가지 세속의 원칙에 주목해서
이 모든 것이 더러움에도 정결하게 하시고
모든 법을 실체가 없는 것으로 인식함으로써
집착하지 않아 속박에서 벗어나게 하소서.

**게세 랑리 탕파** 11세기 티벳 명상가

- 사람이 자만심을 가지고 교만해지면 점점 고독해질뿐이다. 아집과 아상으로 뭉친 에고를 죽여 모든 살아 있는 존재들을 자비와 사랑의 눈으로 바라보는 법을 배워야 한다.

- 내 삶은 아무도 대신해 줄 수 없는 오직 나 홀로 가야 할 길이다. 삶을 뒤돌아보고 헛된 인생을 살았다는 후회가 들지 않도록 끊임없이 의식하고 고민하면서 살아가야 한다.

- 우리의 삶은 타인과 연결되어 있으므로 타인을 위한 배려는 자기 자신을 위한 것이 된다. 현명한 사람은 자신의 행복을 소중히 여기되 다른 사람의 행복도 소중히 여길 줄 안다.

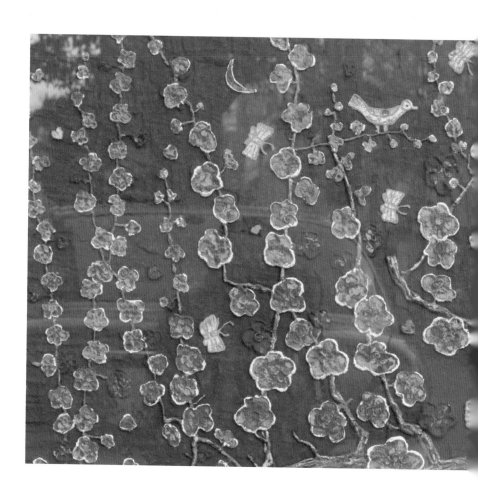

인간을 사랑할 것.
아무리 나약한 인간이나 초라하고 불쌍한 인간도 사랑할 것.
그리고 그들을 심판하지 말 것. **쌩떽쥐베리** 프랑스 작가

# 나의 삶이
# 모든 존재에게 이롭기를

매일 지나치는 사람들의 얼굴을 보며
나지막이 말해 보라.
내 안의 신의 은총이
당신 안의 신의 은총에게 인사한다.
적어도 5분 동안은 그렇게 해 보아라.
이렇게 하고도 행복하지 않을 수는 없을 것이다.

**마리안 윌리엄슨** 사랑의 기적 중

- 인도 사람들은 서로 인사할 때 '나마스떼'라고 한다. '내 안에 깃든 성
  스러운 신성이 당신 안의 성스러운 신성에게 경배합니다'란 뜻이라
  한다.

- 아름답고 행복한 삶을 원한다면 우리 곁에 있는 사람들을 사랑하고
  소중히 여기며 나의 삶이 모든 존재에게 이롭기를 염원하면 눈에 보
  이지 않으나 파동과 공명의 원리에 의해 우리의 생각이 에너지로 변
  화되어 전달된다.

- 남을 위한 따뜻한 배려와 친절만큼 사람을 매력적으로 만드는 것은
  없으며 서로를 인정하고 존경하는 마음은 인간관계의 기본이다.

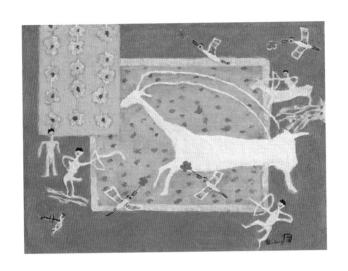

그대의 행복을 희생하는 한이 있더라도
남들을 행복하게 해 줄 수 있는 길에 대해
끊임없이 생각하라.
그러면 내가 그대의 가슴속에
행복의 씨앗을 뿌려줄 것이다.

**메허 바바** 인도의 영적 스승

# 고통의 원인을
# 다른 곳에서 찾지 말라

무지하고 생각이 깊지 않은 자는
습관적으로 자신의 불행한 상황을 남의 탓으로 돌린다.
생각이 약간이라도 깨어 있는 자는
남도 자신도 탓하지 않는다.
그는 자신에게 일어나는 일들을
감정의 흔들림 없이 받아들일 뿐이다.

**에펙테투스** 그리스 철학자

▪ 김수환 추기경은 "사람에게 고통이 없으면 어떻게 될까요? 몸은 자라고 마음은 자라지 않는 식물인간이 되지 않을까요?"라고 했다.

▪ 인생에 고통과 고독, 외로움, 눈물이 있음으로 영혼이 성장하는 것이다. 자신 안에 있는 슬픔을 부정하지 않고 받아들이는 것이다. 고민 없는 사람은 세상에 없다.

▪ 무사태평한 사람도 가슴속 깊은 곳을 두드려 보면 어딘가 슬픈 소리가 난다. 　　　　　일본 작가 **나쓰메 소세키** 나는 고양이로소이다 중

▪ 후회가 되는 실패는 수많은 변명이 따른다. 부모, 친구, 환경, 건강 등 남의 탓을 버려야 자신의 인생을 살아가는 것이다.

다른 사람에 의해서는 고통이 치유되지 않는다.
신조차 우리의 고통을 해결해 주지 못한다.
고통의 원인을 다른 곳에서 찾지 말라.
고통에 대한 책임을 다른 곳으로 돌리지 말라.
고통의 원인이 우리에게 있는 것처럼
고통에 대한 책임도 우리 자신에게 있다.

**담마빠다**(법구경) 중

# 용서를 받고 용서를 실천하라

그대에게 죄를 지은 사람이 있거든
그가 누구이든 그것을 잊어버리고 용서하라.
그때에 그대는 용서한다는 행복을 알 것이다.
우리에게는 남을 책망할 수 있는 권리는 없는 것이다.

**톨스토이** 러시아 대문호

적을 용서하라.
용서하지 않는 것 만큼 그를 괴롭히는 것은 없다.

**오스카 와일드** 아일랜드 극작가

- 나를 용서하는 마음으로 타인을 용서하자. 용서하는 연민의 마음은 애정과 행복한 마음으로 바뀐다. 용서한다는 것은 얽매임에서 벗어나 자기 자신의 길을 가는 것이다.

- 베드로가 "일곱 번까지 용서해야 하나요?"라고 물은즉, 예수는 "일흔일곱 번씩 일곱 번이라도 용서하라, 죄 없는 자가 먼저 돌을 던져라."고 했다.

- 공자는 "평생을 통해 지켜야 할 것은 용서"라 했으며 미국 심리학 박사 프레드 러스킨은 "용서의 기술을 터득하지 못한 사람은 정서적으로나 영적으로 성장하기 어렵다."고 했다.

관용이란 무엇인가.
그것은 인간애의 소유이다.
우리는 모두 약함과 과오로 만들어져 있다.
우리는 어리석음을 서로 용서해야 한다.
이것이 자연의 제일 법칙이다.

**볼테르** 프랑스 사상가

# 선한 사람은
# 선한 에너지를 뿜어낸다

착한 부부가 이혼을 했다.
남편은 곧 재혼했지만 불운하게도 악한 여자를 만나
남자는 새 아내와 마찬가지로 악한 인간이 되었다.
아내도 곧 재혼을 했는데 남자의 행실이 좋지 않았다.
그러나 그 새 남편은 착한 사람이 되었다.
언제나 남자는 여자에 의해 조종되는 것이다.

**마빈 토케이어** 미국 유대교 신학자이자 랍비

- 사람에게는 저마다의 특징과 향기가 있듯 누가 옆에 있느냐, 어떤 사람과 시간을 보내느냐에 따라서 우리의 인생은 달라진다. 우리가 사는 환경 중 가장 크게 영향을 끼치는 것은 사람이기 때문이다. 선한 사람은 선한 에너지를 뿜어낸다.

- 선한 사람들의 사회가 되려면 인성이 좋은 사람들이 많아야 한다. 살아가면서 서로 소중히 아끼며 서로 사랑하고 좀 더 따스한 마음으로 감싸 안아야 한다.

- <명심보감>에 '어진 아내는 그 남편을 귀하게 만들고 악한 아내는 그 남편을 천하게 만든다'고 했다.

남자는 야생동물이고
여자는 그 야생동물을 길들이는 사람이다.

**폴리스 바이먼** 작가


아름다운 아내는 행복을 가져다 줄뿐 아니라
남편의 삶을 두 배로 늘려 준다.

**에바 모트**

# 욕망의 그릇이 작을수록
# 행복은 커진다

이 세상 모든 사람들이
더 많은 땅과 더 많은 돈, 더 넓은 집,
더 좋은 차를 갖기 위해서
경주를 벌이고 있다.

잠깐 멈추어
휴식의 즐거움을 느껴보지도 못하고
이미 가지고 있는 안락을 누려보지도 못한 채
스스로 무덤 속으로 뛰어들어가고 있다.

건강을 소모시키고 있으며
그 건강을 되찾기 위해 번 돈을 다시 쓰고 있다.

**마이클 린버그** 너 만의 명작을 그려라 중

- 가진 것이 많으면 불안도 그만큼 커진다. 가지고 나면 잃지 않으려고 발버둥 친다. 돈에 대한 욕망은 돈이 쌓이는 속도를 먼저 앞질러 가기 때문에 만족할 수 없지만 현명한 사람은 가진 것에 만족하면서 잘 쓰는 법을 배운다.

- <명심보감>에 '심안모옥온(心安茅屋穩) 성정채갱향(性定菜羹香)'란 말이 있다. 마음이 평안하면 초가집에 살아도 평온하고 성품이 안정되어 있으면 나물죽도 향기롭다는 뜻이다.

- 영화배우 엘리자베스 테일러가 한 말이다. "나는 평생 화려한 보석에 둘러 싸여 지냈어요. 하지만 정말 내가 필요했던 것은 그게 아니었어요. 누군가의 진실한 마음과 사랑, 그것뿐이었어요."

욕심 때문에 행복을 빼앗기고 불행하게 살아가는 사람들.
돈에 욕심을 부리다가
건강과 생명을 잃는 사람이 얼마나 많은가.
사람들은 있는 그대로보다 더 훌륭하게 보이기를 바란다.

**키케로** 로마 정치인

# 고통의 원인은 세상이 아니라
# 내 마음속에 있다

기차 여행길에서 좌석을 구하지 못하여
낯모르는 사람과 식당차에 마주 앉게 되었다.
앞에 앉은 딸이 불평불만을 늘어놓기 시작했다.
부모에 대한 불만에서부터
친구, 친척, 동네 사람들 할 것 없이
비판과 욕설을 거침없이 내뱉고 있었다.
필 박사가 따님이 어디에 다니느냐고 물어보니
제조업에 종사하고 있다고 그의 아버지가 대답했다.
듣고 있던 딸이 대화에 끼어들어
"아버지, 내가 무슨 제조업에 종사한단 말이에요?"하고
항의하자 그의 아버지가 하는 말인즉,
"불행 제조업에 종사하고 있답니다."

**노만 빈센트 필** 적극적 사고방식의 저자

- 불평과 분노 그리고 무엇이든 트집을 잡으면서 스스로 불행을 제조하는 사람들은 많다. 현대인들은 행복보다 불행을 더 많이 느끼며 산다고 한다.

- 흔히들 인생을 고해라고 한다. 하지만 고통의 원인은 세상이 아니라 자기 마음속에 있다. 온전한 삶이란 기쁨과 고통을 모두 받아들이는 삶이다. 근심, 걱정, 분노, 원한 등 자기 불행을 자초하면서 삶을 스스로 고로 만들어 창살 없는 감옥에 갇히고 만다.

**필 박사의 문제 해결 조언**

"이 딸처럼 우리 주변에도 불행을 제조하고 있는 사람이 너무나 많습니다.

현재 가진 것, 자기가 처한 처지의 의미나 가치에 대하여 전혀 생각하지 못하고 자기가 원하는 것, 자기가 갖고 싶은 것, 되고 싶은 것에 초점을 맞추고 있기 때문에 욕망 지향적 인간으로 전락하게 됩니다.

이런 사고방식에는 불행의 씨앗이 숨겨져 있음을 알아야 합니다. 문제가 있으면 원망과 시비에 앞서 적극적으로 문제 해결에 임해야 합니다. 원망이 변하여 감사가 되게 하는 삶을 보내세요."

# 인생은 견디는 것이 아니라 즐기는 것이다

탄생과 죽음
그것은 사람의 힘으로는
도저히 어떻게 해 볼 방법이 없는 사건이다.
우리는 이 두 사건 사이의 기간을
최선을 다해서 즐겨야 한다.

**조지 산타야나** 스페인 출신 미국 철학자

- 우리가 이 세상에서 살아가는 시간은 짧지만 그 짧은 시간을 자신의 인생을 위해 얼마나 즐겁고 보람 있게 보내는가에 따라 삶의 질이 달라진다.

- 자신의 삶이 미래를 위한 리허설인 것처럼 허비하는 사람이 많은데 우리의 삶은 하루하루와 시간시간들로 이루어져 있으며 소중한 시간들을 어떻게 보람되고 의미 있고 충실하게 사는가에 따라 인생의 승패가 달려 있다.

- 현대를 살아가는 사람들은 인생이라는 짐수레에 욕심을 가득 실어 고달픈 삶을 살아가면서 즐거움을 잃어버리고 만다. 전 미국 38대 부통령 허버트 험프리는 "인생은 견디는 것이 아니라 즐기는 것"이라고 했다.

나도
다른 누구도
당신을 대신해 그 길을 갈 수 없다네.
당신이 직접 그 길을 가야 한다네.

**월트 휘트먼** 미국 시인

# 순간순간을 즐길 줄 아는 사람이 행복한 사람이다

우리는 과거로 인해 고통 받는다.
또한 현재를 게을리 하기 때문에 미래를 망친다.
과거란 존재하지 않으며
미래는 아직 오지 않았다.
현재란 이미 존재하지 않은 미래를 잇는
아주 짧은 순간에 지나지 않는다.
이 짧은 지점에 인간의 진정한 삶이 존재한다.

**톨스토이** 러시아의 대문호

- 과거는 지나갔고 미래는 아직 오지 않았으니 내 삶은 현재를 위한 것이어야 한다. 인생에서 가장 중요한 시기는 현재뿐이다. 현재의 순간을 놓쳐 버리면 인생을 놓쳐 버린 것이 된다.

- 우리는 지금 이 순간을 살아야 한다. 사람들은 현재가 아니라 미래에 살려고 노력하지만 지금 누리지 못하는 행복은 나중에도 누리지 못한다. 순간순간을 즐길 줄 아는 사람이 행복한 사람이다.

- 생의 모든 순간을 사랑하며 인생을 단 하루처럼 사는 것이 지혜로운 삶이다.

절대 어제를 후회하지 말라.
인생은 오늘의 나 안에 있고
내일은 스스로 만드는 것이다.

**라파예트 로널드 허버드** 미국 작가. 사이언톨로지교 창시자


과거는 무효가 된 수표이고
내일은 약속어음이며
오늘은 현금일 뿐이다.
그러니 현명하게 사용하라.

**케이 라이온스** 작가


탐욕과 집착의 뱃살을 빼고
성냄과 질투의 속살을 빼고
교만과 무지의 목살도 빼고
아집과 허영의 얼굴살을 빼는 것

최고의 다이어트, 보성 대원사 목판에 있는 글

# 행복으로의 초대

행복은 작은 것
순간적으로 스치는 소소한 것 안에
조용히 얼굴을 숨기고 있다.
**존 F. 슈마커** _미국의 사회심리학자


행복은 포도주 한 잔, 밤 한 알, 허름한 화덕,
바다 소리처럼 참으로 단순하고
소박한 것이라는 생각이 들었다.
필요한 건 그것뿐이었다.
**니코스 카잔차키스** _희랍인 조르바 중

# 행복해진다는 것은
# 사랑하는 것이다

인생에 주어진 의무는 다른 아무 것도 없다네.
그저 행복하라는 한 가지 의무뿐
우리는 행복하기 위해 세상에 왔지.
그런데도 그 온갖 도덕 온갖 계명을 갖고서도
사람들은 그다지 행복하지 못하다네.
그것은 사람들 스스로 행복을 만들지 않는 까닭
인간은 선을 행하는 한 누구나 행복에 이르지
스스로 행복하고 마음속에 조화를 찾는 한
그러니까 사랑을 하는 한…
사랑은 유일한 가르침
세상이 우리에게 물려준 단 하나의 교훈이지
예수도
부처도
공자도 그렇게 가르쳤다네.
모든 인간에게 세상에서 한 가지 중요한 것은
그의 가장 깊은 곳 그의 영혼
그의 사랑하는 능력이라네.
보리죽을 떠먹든 맛있는 빵을 먹든

누더기를 걸치든 보석을 휘감든
사랑하는 능력이 살아 있는 한
세상은 순수한 영혼의 화음을 울렸고
언제나 좋은 세상 옳은 세상이었다네.

**헤르만 헤세** 독일의 시인이자 소설가

- 마음으로 생각하는 그대로가 우리의 모습이다. 행복은 습관이 인격화되면서 지금의 삶에 만족하고 남을 부러워하지 않고 자기가 가진 것을 소중하고 감사하게 생각하며 자비심을 키우고 이타적인 마음을 가질 때 행복을 느낄 수 있다.

- 재물의 빈곤은 쉽게 치유되지만 영혼의 빈곤은 결코 치유되지 않는다.　　　　　　　　　　　　　　　　**몽테뉴** 프랑스 철학자

- 우리가 행복하려고 노력하지만 부와 권력, 명예 등 물질적인 것에서 찾으려는 욕심 때문에 행복을 놓치고 만다.

- 하바드 대학 탈벤 샤하르 교수는 "너무 잘 하려는 강박관념이 우리를 힘들게 하며 우리가 행복하지 못한 원인은 완벽주의로서 모든 일을 완벽하게 처리해야 한다는 심리적 부담 때문이다."고 했다.

행복할 수 있는 능력은
단순하고 자유롭게 생각할 줄 알고
삶에 도전할 줄 알고
남에게 필요한 삶이 될 줄 아는
능력으로부터 나옵니다.

**스톰 제이슨** 작가

진정한 행복은 외적인 존재에 의해 만들어지는 것이 아니다.
연못도 안으로부터 차오르지 않는가.
이처럼 당신의 행복은
내면의 생각과 감정에 의해 만들어진다.

**윌리엄 라이언 펠프스** 미국의 인문학자 · 수필가

# 다른 사람에게 준 기쁨은
# 내 가슴에 꽃이 된다

만들 수 있는 한, 가장 많은 행복을 만들어라.
없앨 수 있는 한, 가장 많은 고통을 없애라.
매일매일 너는 다른 사람에게 기쁨을 주거나
다른 사람의 가슴에
기쁨의 씨앗 하나하나를 심을 때마다
너의 가슴에는 기쁨의 꽃이 필 것이다.
네 이웃의 생각과 감정에서 뽑아낸 슬픔 하나하나는
너의 영혼에서
아름다운 평화와 기쁨의 안식처가 될 것이다.

**제러미 벤담** 영국 철학자

- 사람들을 좋아하고 기쁨을 줄수록 나에게도 기쁨이 더 커지는 것은 행복은 주었던 것이 되돌아올 때 생기기 때문이다. 다른 사람을 위해 작은 베풂이라도 실천하는 사람이 그렇지 않은 사람보다 오래 산다는 연구결과가 있다. **미국 미시건 대학**

- 하버드 대 헨리 호프만 교수는 "즐거움과 고통은 내가 무엇을 가지고 있는가로 결정되는 게 아니라 무엇을 열심히 느꼈는가로 결정된다."고 했다. 삶을 감사하는 마음을 가지고 매사를 대하는 것이 곧 인생의 의미이자 행복의 원천이다.

- 붓다는 "욕망을 초탈하여 고통을 끝내라."고 했고 예수는 "신을 사랑하고 이웃을 사랑하라."고 했으며 영적 스승들은 "이기심을 버리고 다른 사람에 대한 자비심을 가져라. 그러면 행복이 너의 것이다."고 했다.

사람은 누구나 행복해지기를 간절히 바라는데
그러기 위해서는 온 힘을 기울여야 한다.
행복이 저절로 찾아오길 기다리며
문을 열어둔 채 방관만 하고 있다면
들어오는 것은 슬픔뿐이다.

**알랭** 프랑스 저술가

# 나는 내 행복을 책임질
# 유일한 사람

행복의 책임은 자신에게 있다.
우리는 타인에게 자신의 행복을 맡겨버릴 때가 많다.
그런데 사람들은
우리가 원하는 대로 해 주지 못할 때가 많다.
왜 그럴까?
자신의 기쁨과 행복을 책임질 유일한 사람은
바로 당신 자신이기 때문이다.
부모나 아이나 배우자조차
당신의 행복을 책임질 권한이 없다.
그들은 단지 당신이 행복할 때
기쁨을 나눌 기회가 되어 줄 뿐이다.
기쁨은 당신 안에 있다.

**리사 니콜스** 동기 부여 연설가

▪ 나는 인생의 주인으로서 내 자신의 유토피아를 찾아 심플한 삶을 살
  아야 한다. 심플한 삶이란 욕망을 줄이는 삶으로 자신의 기대를 낮추
  고 자신의 감정과 욕망을 조절하고 행복해야 한다는 강박관념에서
  벗어나는 것이다.

- 내 마음을 실제 수준보다 낮춰 주면 지금보다 나은 행복을 느낄 수 있다.

- 행복은 저마다의 의식 수준에 따라 감각과 느낌이 다르며 물질만 풍부하다고 얻어질 수 있는 것이 아니라 사랑과 감사라는 정신적 가치로 인해 느낄 수 있는 것이다.

행복에 있어서 가장 큰 장애물은
너무 큰 행복을 기대하는 마음이다.

**폰트넬르** 작가

# 행복한 삶으로의 초대

우리 인생은 커튼이 내려져 있는 관광버스를 타고 가면서
누가 버스의 상석에 앉을 것인가,
누가 더 훌륭한 사람인가,
누구에게 상을 주어야 하는가,
이 버스를 만든 회사는 어디인가 등에 대해 말다툼하면서
하늘과 산과 들과 강과 나무와 꽃들을 보지 못하고
여행을 끝내는 것과 같다.
불행의 원인은 오직 하나,
머릿속에 있는 그릇된 믿음이다.
이 그릇된 믿음은 세상과 자신을 왜곡하여 이해하게 된다.
그러나 이 믿음은 너무나 널리 퍼져 있고
모든 사람이 믿고 있는 것이어서
감히 의심해 볼 엄두도 내지 못하고
그 덫에서 빠져나올 길이 없다.
당신은 부모, 전통, 문화, 사회, 학교, 매스컴, 종교가
당신에게 부어 넣은 규범과 가치들을 의심하지 않고
오로지 그것을 믿기만 하도록 틀에 맞추어져 있다.
그릇된 믿음의 첫째는 당신이 원하는 물건을
소유하기 전에는 행복할 수 없다는 생각이다.

둘째는 행복은 미래에 있다는 것이다.
그러나 지금 이 순간 당신은 행복하다.
잘못된 믿음과 이해 때문에 자신이 행복하면서도
그것을 깨닫지 못하고 있는 것이다.
셋째는 자신이 처한 상황과 주위 사람들을 변형시키면
행복해질 수 있다는 것이다.
그러나 사람을 행복하게 하거나 불행하게 하는 것은
세상이나 주위 사람이 아니라
바로 자신의 머리 안에 있는 생각이다.
넷째는 모든 욕망이 충족되면 행복해지는 것이다.
욕망의 성취는 기껏해야 반짝하는 순간의 쾌락이다.

**엔소니 드 멜로** 인도인 카톨릭 신부

- 나의 인생은 누구도 대신해 줄 수 없는 나만의 것이다. 현재의 삶을 있는 그대로 받아들이고 완전 연소시켜 인생의 모든 순간들을 충실하게 사는 것, 그리고 자연과 함께 있을 때 깨달음이 온다.

- 물질이 주는 즐거움은 오래 가지 않는다. 사랑과 미움이 들락거리는 내면에 자신의 고정관념, 아상을 내려놓고 너그러움과 배려하는 마음을 키워 사랑으로 가득 채우는 삶이 행복이다.

삶의 흐름에서 황금기는 한 순간에 지나가고 모래만 남는다.
천사들이 방문하지만 우리는 뒤늦게 그들이 가버린 것을
알 뿐이다.　　**조지 엘리엇** 영국의 여류 소설가

# 난 행복한 사람이라고
## 날마다 기도하자

걸을 수 있다면 더 큰 복은 바라지 않겠습니다.
누군가는 지금 그렇게 기도를 합니다.
설 수만 있다면 더 큰 복은 바라지 않겠습니다.
누군가는 날마다 그렇게 기도를 합니다.
들을 수만 있다면 더 큰 복을 바라지 않겠습니다.
누군가는 날마다 또 그렇게 기도를 합니다.
말할 수만 있다면 더 큰 복은 바라지 않겠습니다.
누군가는 날마다 그렇게 기도를 합니다.
볼 수만 있다면 더 큰 복을 바라지 않겠습니다.
누군가는 날마다 그렇게 기도를 합니다.
살 수만 있다면 더 큰 복을 바라지 않겠습니다.
누군가는 날마다 그렇게 기도를 합니다.

놀랍게도 누군가의 간절한 소원을 다 이루고 살았습니다.
놀랍게도 누군가의 간절히 기다리는 기적이
내게는 날마다 일어나고 있었습니다.
부자가 되지 못해도 빼어난 외모가 아니어도
지혜롭지 못해도 나의 삶을 사랑하겠습니다.

날마다 누군가의 소원을 이루고 날마다 기적이 일어난
나의 하루를 나의 삶을 사랑하겠습니다.
사랑합니다. 내 삶, 내 인생, 나
어떻게 해야 할지 고민하지 않겠습니다.
내가 얼마나 행복한 사람인지 깨닫겠습니다.
나의 하루는 기적입니다. 난 행복한 사람입니다.
사랑합니다. 나의 삶, 나의 인생, 나 자신을…

**호러스 그랜트 언더우드** 한국에 온 첫 미국 장로교 선교사

- "인간은 자기가 행복하다는 것을 알지 못하기 때문에 불행하다. 오직 그것을 자각한 사람은 곧 행복해진다." 러시아 작가 도스토옙스키가 한 말이다.

- 우리를 행복하게 만드는 것은 스스로의 생각(관념)이며 자기 자신이 어느 순간에 어떻게 행복을 느낄지는 사람마다 다르다.

- 집착을 버리고 한 걸음 물러서면 마음이 편안해진다. 마음이 평화로운 사람은 매 순간 감사함을 느낀다.

욕심을 많이 가지면 가질수록 더욱 더 많은 것의 노예가 된다.
왜냐하면 많은 것에 욕구를 느끼면 느낄수록 더욱 스스로의 자유를 잃어버리는 것이 되기 때문이다.
완전한 자유는 전혀 아무 것도 욕구하지 않는 것으로부터 이루어진다. 욕구를 최소한으로 줄이면 자유의 정도는 더해진다.

**조로아스터** 조로아스터교 창시자

# 플라톤이 말하는 행복

먹고 입고 싶은 수준에서 조금 부족한 듯한 재산
모든 사람이 칭찬하기에 약간 부족한 용모
자신이 자만하고 있는 것에서
사람들이 절반 정도 밖에 알아주지 않는 명예
겨루어서 한 사람에게 이기고
두 사람에게 질 정도의 체력
연설을 듣고서 청중의 절반은 손벽치지 않는 말솜씨
그가 생각하는 행복의 조건들은
완벽하고 만족할 만한 것들이 아닙니다.
조금은 부족하고 모자란 상태입니다.
재산이든 외모든 명예든 모자람이 없는
완벽한 상태에 있으면
바로 그것 때문에 근심과 불안과 긴장과 불행이
교차하는 생활을 하게 될 것입니다.
적당히 모자란 가운데
그 부족한 부분을 채우기 위해 노력하는
나날의 삶 속에 행복이 있다고 생각했습니다.

**플라톤** 그리스 철학자

- 행복이란 정신수양을 통하여 얻을 수 있는 마음상태로 이기심을 극복하고 더불어 기뻐하는 마음, 이해심, 자비심을 키움으로써 얻을 수 있다.

- 참으로 지혜로운 자는 꼭 필요한 만큼 갖는 것에 만족하고 단순한 삶을 살며 소유 자체를 위해 소유를 즐기려는 충동을 거부한다.

- 행복은 마음 안에 있는 것, 행복은 먼 훗날의 목표가 아니라 이 순간 존재하는 것이다.

- 인생의 가치와 그 행복은 자신의 삶을 소중하게 여기는 마음자세에 달려 있다. 행복을 깊이 호흡하며 행복 그 자체가 되어야 한다.

- 탐욕스러운 마음을 제어하지 않고서는 그 누구도 행복의 상태에 도달할 수 없는 것은 만족을 모르기에 원하는 모든 것을 얻을 수 없기 때문이다.

작은 순간을 다 써 버려라.
곧 그것은 사라질테니
쓰레기든 금이든 다시는 같은 겉모양으로 오지 않는다.

**그웬돌린 브룩스** 미국 시인

# 행복은 기뻐할 줄 아는 능력이다

행복해서 웃는 것이 아니라
웃으니까 행복하다는 말이 있다.
행복해지고 싶으면 자꾸 웃으라는 것이다.
웃으면 좋은 일이 생기고 나중에는
행복해진다는 것이다.
이것처럼 명랑해지고 싶다면
마음에는 어색하더라도 명랑한 척 하라는 것이다.
이건 내가 경험한 것이다.
어려서부터 내성적이었던 성격이 맘에 들지 않았었다.
그래서 늘 성격이 바뀌기를 바랐었다.

첨부터 그렇게 된 것은 아니지만
밝게 하려 애썼고 늘 웃으려고 노력했다.
어느 정도 시간이 지나고 보니
잘 웃고 예전보다는 훨씬 성격도 밝아졌다.

아직도 처음 보는 사람한테는 조금 어색하지만
그래도 많이 편안해졌다.
성공한 사람들의 이야기도 이와 상통한다.

성공을 원한다면 성공한 것처럼 늘 생각하고
그렇게 행동하라는 것이다.
어떤 모습의 성공을 꿈꾸시나요?　　　**윌리엄 제임스** 미국 철학자

- 웃음은 무심의 경지로 들어가 마음이 사라져 모든 경계와 구분이 없는 무아에 이를 수 있다.

- 세상은 거울과 같다. 나의 미소가 다른 사람의 미소를 가져오게 되고 세상을 재미있고 신나는 인생을 만드는 요소로 작용한다.

- 웃음 명상 즐기는 법
  생각은 마음의 작용으로 생각을 지운 후 배꼽이 빠지도록 5분간 웃은 다음 가장 편한 자세로 휴식에 빠진다.

- 웃음은 마음의 치료제일 뿐만 아니라 몸의 미용제이다. 당신이 웃을 때 가장 아름답다.　　　**칼 조셉 쿠쉘**

- 인류에는 정말 효과적인 무기가 하나 있다. 바로 웃음이다.
  　　　**마크 트웨인**


그대의 마음을 웃음과 기쁨으로 감싸라. 그러면 천 가지의 해로움을 막아주고 생명을 연장시켜 줄 것이다.
　　　**셰익스피어** 영국의 대문호


행복이란 과잉과 부족의 중간쯤에 있는 간이역이다.
사람들은 너무 빨리 지나치기 때문에 이 작은 역을 보지 못한 채 지나간다.　　　**C. 폴룩** 작가

# 행복은 감사와 사랑에서 온다

자신의 생각이 행복을 만들어준다.
사랑과 가슴 깊은 곳에서부터 우러나오는 감사와
누구를 향한 자신의 사랑
그리고 일생을 바쳐도 아깝지 않을 일
자연의 법칙에 순응하는 삶이다.

행복은 삶을 긍정적으로 생각하고
항시 남을 배려하면서
늘 감사하는 마음에서 온다.

행복과 불행은 크기가 미리부터
정해져 있는 것은 아니다.
다만 그것을 받아들이는 사람의 마음에 따라서
작은 것도 커지고 큰 것도 작아질 수 있는 것이다.

가장 현명한 사람은 큰 불행도 작게 처리해 버린다.
어리석은 사람은 조그마한 불행도 현미경으로 확대해서
스스로 큰 고민에 빠진다.

**라 로슈프코** 프랑스 작가

- 이 시대를 살아가는 가장 중요한 화두는 당연히 행복이다. 기업이 이 윤추구를 극대화한다면 삶은 행복을 극대화하는 것으로 인생의 목표는 성공이 아니라 행복이기 때문이다.

- 행복은 우연히 오는 것이 아니라 선택이고 습관이다. 조그마한 행복에도 만족하는 마음을 갖는 것, 욕망을 충족시키는 삶이 아니라 욕심을 줄이고 허세를 버리며 현재에 만족하는 삶이다.

- 내가 행복하면 내 곁의 사람도 행복해진다. 남에게 행복을 준다고 해서 자신의 행복이 줄어드는 것이 아니라 많이 주면 내 행복은 더욱 커진다.

- 행복은 마음 다스림에서 오는 것으로 현명한 사람은 수행을 통해서 감사와 기쁨, 긍정적인 생각으로 마음을 잘 다스리지만 보통 사람들은 자기의 허물을 보지 못하고 남의 탓으로 돌린다.

- 군자는 즐거워한다. 소인은 고시랑거린다. 마음이 천박한 사람은 생각마저 곰상스럽다. 행복은 즐거운 일상에서 찾을 수 있는 것.

**공자**

행복은 구하려한다고 해서 구할 수 있는 것이 아니다.
늘 즐거운 마음으로 살아가는 것.
이것이야말로 행복을 불러들이는 길이다.
불행은 피하려고 한다고 피할 수 있는 것이 아니다.
늘 다른 사람의 마음을 상처 입히지 않도록 마음 쓰는 것.
그것이 바로 불행을 피하는 방법이다.　　　　**채근담**

# 행복은 삶에서
# 느끼는 감사함이다

명품 백을 사지 말고 여행을 떠나라.
사람들은 소유하고 있는 것보다
했던 일에서 더 행복을 느낀다.
이기적인 이유로라도 다른 사람을 도와주라.
자비는 받는 사람보다 베푸는 사람을 더 행복하게 한다.
자동차를 사지 말고 속옷에 투자하라.
한 번의 짜릿한 경험보다는
작지만 소소하게 느낄 수 있는 경험이
더 많은 행복을 준다.
돈을 모아 현금으로 사라.
남들처럼 살아라.
남들과 똑 같은 건 싫어하며 너무 고고하게 살지 말고
사는 게 다 똑 같지 라고 여유 있게 생각하며
남들처럼 살아라.

**다니엘 길버트** 하버드대 심리학교수

- 행복은 소유하는 것이 아니라 느끼고 즐거워하는 습관이며 개인적인 것으로 스스로 만족하는 삶이다. 어떤 사람에게는 재력일 수 있고 권력이나 명예일 수도 있으며 사랑이나 영적일 수도 있다.

- 행복은 어떤 일을 하는 과정에서 잠깐씩 얻어지는 느낌이다. 그러므로 행복은 마치 손에 넣으면 오래 간직할 수 있는 물건인 양 찾아 헤맨다면 당신은 결코 그것을 찾지 못할 것이다.

  **이근영** 막시무스의 지구에서 인간으로 유쾌하게 사는 법 중

- 세계적 심리학자들의 심포지움에서 이 시대 가장 행복한 사람은 "많은 사람과 원만한 인간관계를 잘 유지하는 사람이다."고 결론지었다.

행복은 사방에 있다. 그것의 샘은 우리의 마음속에 있다.

**존 러스킨** 영국 비평가


사람이 얼마나 행복한가는 그가 감사함을 느끼는 깊이에 달려 있다.　　　　　　　　　　　　　　　　　　　**존 밀러** 미국 작가

# 삶은 부메랑이다

착한 일을 하는 사람은 늘 기쁘다.
나쁜 일을 한 사람은 늘 괴롭다.
착한 일은 할수록 기쁘고
나쁜 일은 할수록 괴롭다.
남을 즐겁게 해주는 사람은 착한 보살이다.
그 사람은 누구라도 좋아한다.
매사에 감사하자.
'감사합니다' 이 한 마디가 삶을 행복하게 한다.
속담에
'선행은 모래에 써지고 악행은 바위에 새겨진다'고 했다.
나의 신앙은 아주 소박하다.
바로 친절이다.

**달라이라마** 티벳 망명정부 지도자

- 사람은 자기가 심은 것을 거두고 뿌린 것은 반드시 받는다. 인생은 자기가 심은 것만큼 거두게 되는 것은 인과업보의 진리이다.

- 재물을 주는 것, 진리를 전하는 것, 다른 사람에게 좋은 마음을 갖는 것, 모두가 복을 짓는 것이다. 먼저 남에게 인사하고 미소 짓고 조건 없이 베푸는 삶이 나에게 행복을 준다.

- 남에게 선행을 하는 것은 의무가 아니라 기쁨이며, 그것이 그렇게 하는 사람의 건강과 행복을 증진시킨다. **조로아스터**

- 덕을 베풀고 사는 것만큼 행복한 것은 없다.(有効德) 덕을 베풀면 하늘이 자기한테 돌려주지 않아도 자식한테는 돌려준다는 말이 있다.


삶은 부메랑이다.
우리들의 생각, 말, 행동은 언제가 될지 모르나
틀림없이 되돌아온다.
그리고 희한하게도 우리 자신을 그대로 명중시킨다.
**플로랑스 스코벨 쉰** 작가

# 현재의 일상적 삶
# 바로 곁에 있는 행복

가진 것보다 덜 원하면 부자이고
가진 것보다 더 원하면 가난이며
품위를 잃어버리는 것은 최악이라 했다.
소 백 마리를 갖고 있다면 열 마리 가진 것처럼 살자.
사람들이 자주 저지르는 실수 중 하나가 바로
'만약 미래에 무얼 가진다면 난 행복해질 수 있어'란
말이다.
완전 쓰레기 같은 말이다.
만족이란 것은 현재에만 일어날 수 있다.
만약 당신이 '언젠가 미래에 행복할거야'라고 한다면
당신은 영원히 만족할 수 없다.

**알렉산더 폰 쇤부르크** 우아하게 가난해지는 법 중

- 빌리 그레엄이 한 말이다. "사람들은 벌어 놓은 돈의 액수만큼 행복
  한 것이 아님은 분명히 아는 사실인데 어째서 사람들은 욕망에 한계
  선을 긋지 못하고 스스로 불안한 궤도를 달리는지 모르겠다."

- 행복은 가지지 못한 것을 바라는 것이 아니라 내가 가진 것을 즐기는
  것이며 행복의 동반자는 자기 자신이며 멀리 있는 게 아니라 현재의

가장 일상적인 삶 바로 곁에 있다.

▪독일의 시성 괴테는 "인생에서 행복한 시간은 14시간에 불과했다."고
했고 나폴레옹은 "내 생애 행복했던 날은 6일 밖에 없었다."고 했다.
행복의 절대적 요소를 갖추고도 불행을 느끼는 사람은 많다. 모든 사
람이 같은 이유로 행복을 느낄 수 없기 때문이다.

행복이란 진열장 속의 물건처럼
좋아하는 것을 골라서 돈을 치루고 살 수 있는 것이 아니다.

**아란** 프랑스 철학자

# 인생은 자기 행복의 창조자

내 인생 내가 선택해서 산다.
하얀 백지 위에
자신의 나신을 그리고
자기가 좋아하는 옷을 입히고
꽃을 꽂아주고 향수를 뿌려주는 등
오늘 무슨 옷을 입힐까?
식사는 어떤 것을
무엇을 생각하고 느낄 것인가.
자유롭게 선택할 수 있다.

**매번웨인 다이어** 미국 심리학자

- 우리의 삶과 운명을 설계하는 주체는 나 자신이다. 자신을 순수한 마음으로 정성껏 가꾸어야 한다. 좋은 생각은 좋은 열매를, 나쁜 생각은 나쁜 열매를 맺는다. 마음으로 생각하는 그대로가 나의 삶의 모습이다.

- 철학자 마하리쉬는 "마음가짐은 그대에게 달려 있다. 궁극적으로 인격이 그대의 삶을 형성하며, 그대의 인격은 그대만이 형성할 수 있다."고 했다.

▪ 자기가 처하는 상황이 어렵더라도 보람 있는 일을 하면 행복할 수 있
다. 세상에 태어나서 스스로 행복한 삶을 사는 것은 우리의 의무이기
에 스스로에게 관대하고 사랑하고 자신에게 꽃을 선물하라. 이것은
내적 즐거움이고 삶의 보상이다.

행복은 내 마음속에 있다.
세상을 밝게 보는 사람도 있고 어둡게 보는 사람도 있다.
각자의 관점에서 보면 둘 다 옳다.
그러나 세상을 보는 관점에 따라 즐거움과 고통에 찬 삶,
성공적인 인생과 실패의 인생이 결정된다.
따라서 행복은 자기 안에서 찾아야 하는 것이다.
**랄프 트라인** 행복은 내 마음속에 있다 중

# 가치 있는 삶이란
# 남을 배려하는 삶이다

행복은 나눈다고 해서 줄어드는 것은 아니다.
보시는 언제나 행복을 가져다준다.
우리는 자비를 베풀려고 마음먹는 데서 기쁨을 느끼고
보시의 실천을 통해 기쁨을 경험하며
우리가 보시했다는 사실을 기억함으로써
즐거움을 얻는다.  붓다

- 돈으로 행복을 살 수는 없지만 돈으로 다른 사람을 위해 쓴다면 멋진 감동을 맛볼 수 있을 것이다. 가치 있는 삶이란 남을 배려하는 삶이다.

- 미국의 석유왕 존 데이비슨 록펠러는 43세에 미국 최고의 부자가 되었고 53세에는 세계 최고의 부자가 되었지만 건강 악화로 시한부 선고를 받았다. 그가 치료 받던 병원 복도에서 치료비가 없어 병원에서 쫓겨나는 어느 소녀를 보고, 그 소녀를 입원시켜 완쾌시켜 준 일이 있었다. 그 후 록펠러는 그의 자서전에서 "인생을 살면서 이렇게 행복한 삶이 있는지 몰랐다."고 했다. 98세까지 살았던 그는 55세 전반기까지는 돈을 벌기 위해 건강을 해쳐 온 삶이었지만 자선사업을 펼친 후반기 43년은 너무나 행복한 삶이었다고 회고했다.

기쁠 때도 있고 슬플 때도 있다.
그 중에 무엇을 기억하느냐에 따라
행복한 사람이 될 수도 있고 불행한 사람이 될 수도 있다.

**윌리엄 셰익스피어** 영국의 대문호

행복은 깊이 느끼고
단순하게 즐기고
자유롭게 사고하고
삶에 도전하고
남에게 필요한 사람이 되는 능력이다.

**스톰 제임슨** 작가

마음과 싸우지 말라.
다만 마음을 옆으로 내려 놓아라.
삶은 풀어야 할 문제가 아니라
살아야 할 신비다.

**오쇼 라즈니쉬** _인도 명상가

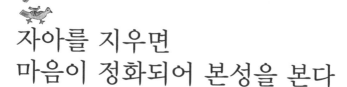

# 자아를 지우면
# 마음이 정화되어 본성을 본다

삶이란 너무나 황홀하고
삶이란 너무나 마술 같고
삶이란 너무나 멋진 기적이다.

그러나 그것을 보는 자는 누구인가?
그대의 의식이다.
그 의식이 둔감해지면 그러한 삶의 기적이 죽어버린다.

행복한 자는 매일 죽어 있는 사람이다.
그대가 죽어야 한다.
자신의 참된 존재를 찾기 위해서
그대는 실재하는 존재의 죽음을 맞아야 한다.

자연 속에서 신격이 태어나도록 자아가 죽어야 한다.
그대가 미래를 행해서 개방되기 위해
과거가 죽어야 한다.

미지의 세계가 그대의 내면으로 뚫고 들어갈 수 있도록

알고 있는 세계가 죽어야 한다.
마음이 다시금 고동치기 시작할 수 있도록
완전히 상실했던 너 자신의 마음을
재발견할 수 있도록 이성이 죽어야 한다.

**오쇼 라즈니쉬** 인도의 명상가

- 마음이란 살아오면서 쌓아둔 지식과 경험이 기억으로 무의식 속에 저장되어 말과 행동, 감정으로 표출되며 자신의 잣대인 고정관념으로 굳어져 있는 것이다.

- 나를 비우고 버려서 자아인 에고를 소멸시키는 것이 인격 완성의 지름길이라고 경전에서 가르치고 있다. 생각을 비우면 모든 것이 있는 그대로 완벽하며 본래 마음에 어떤 분별도 없어 관념과 생각이 불러오는 고통에서 벗어날 수 있다.

- 내가 있어 세상이 있고 세상을 보고 판단하고 선택하는 것 또한 마음이기 때문에 삶을 지배하는 일체의 관념, 습관, 생각 등을 버리면 자연스럽게 마음이 정화된다. 깨달은 자는 마음의 주인이요, 어리석은 자는 마음의 머슴으로 비유되기도 한다.

마음은 자신이 스스로 만든 옷을 입는다.
사람은 자신의 이기심으로 고통 받는다.

**제임스 앨런** 365일 명상중

# 행동은 내면세계의 표현이다

다른 사람이 잘하고 잘못하는 것을
내 마음으로 분별하여 참견하지 말고
좋은 일을 겪든지 좋지 않은 일을 당하든지
마음을 항상 편안히 하고 무심하라.
때로는 숙맥같이 병신같이 소경같이
귀머거리같이 어린아이같이 지내면
마음에 절로 망상이 사라지나니

비록 몸뚱이가 살아 있으나 내 마음을 찾으려면
이미 죽은 송장의 몸으로 여겨야 하며
세상일이 좋으나 싫으나 한갓 꿈으로 알라.

인생이란 달리는 말과 같고
풀꽃에 맺힌 이슬과 같고
지는 해와 같다.
그러하기에 인생이란 무상(無常)하다.

**경허 스님** 무심

- 마음은 삶의 모든 것을 지배하는 통제탑. 인생의 기쁨과 슬픔을 만들어내는 공장이다. 행복과 불행을 결정하는 모든 회로가 마음 안에 장착되어 있다.

- 인간은 마음속에 갇혀 산다. 슬픈 마음으로 살면 슬프게, 기쁜 마음으로 살면 기쁘게 살아간다.

- 마음은 굳어지고 부드러워지기도 하며 가쁨과 슬픔이 있는가 하면 화내고 미워하고 사랑하고 질투하는 온갖 변덕쟁이가 마음이다.

- 교만과 허영심, 허세와 욕심 등 마음 안의 사악한 때를 벗기면 영혼의 안식처를 볼 수 있다.


### 팔죽시(八竹詩)

此竹彼竹化去竹
차 죽 피 죽 화 거 죽
이런 대로 저런 대로 되어가는 대로

風打之竹浪打竹
풍 타 지 죽 낭 타 죽
바람 부는 대로 물결치는 대로

粥粥飯飯生此竹
죽 죽 반 반 생 차 죽
죽이면 죽 밥이면 밥 이런 대로 살고

是是非非看彼竹
시 시 비 비 간 피 죽
옳으면 옳고 그르면 그른 대로 보고

賓客接待家勢竹
빈 객 접 대 가 세 죽
손님 접대는 집안 형편 대로

市井賣買歲月竹
시 정 매 매 세 월 죽
시정 물건 사고파는 것은 세월 대로

萬事不如吾心竹
만 사 불 여 오 심 죽
세상만사 마음 대로 되지 않아도

然然然世過然竹
연 연 연 세 과 연 죽
그렇고 그런 세상 그런 대로 보낸다.

**부설 거사** 신라 승려

# 마음을 바꾸면 인생이 바뀐다

마음 마음 마음이여, 정말로 찾기가 어렵구나.
너그러울 때는 온 세상을 포용하더니
좁아지면 바늘 하나 꽂을 자리조차 양보하지 않으니

나는 본래 마음을 구할 뿐 부처를 구하지 않는다.
내 마음이 없으면
온 우주가 텅 비어 아무 것도 없음을 아나니
누구든지 만약 부처가 되고 싶다면
마음만을 구할 뿐이며
마음 마음 마음이여, 마음이 곧 부처이니라.

나는 본래 마음을 구하나
마음이란 우리 스스로가 가지고 있는 것이지
그 어느 곳에 따로 존재하는 것이 아니다.

그러므로 마음을 구하더라도
달리 마음을 알려고 하지 마라.
부처란 마음 이외의 것에서 얻어지는 것이 아니다.

**달마 대사** 중국 선종의 초조, 서천 28조

- 마음은 빈 상자와 같은 것, 감사하는 마음 남을 위하고 기뻐하고 서로 나누는 마음을 가득 채우면 담는 대로 그것이 된다.

- 마음이 열린 사람들의 특징 중 하나는 사물을 자신이 보고 싶은 대로 보지 않고 있는 그대로를 보는 것이다.

**유진 케네디** 미국 심리학자

- 어떤 제자가 보조국사에게 물었다.
"스님, 부처님은 무엇입니까?"
"진짜 부처님 말이냐, 가짜 부처님 말이냐?"
"부처도 진짜가 있고 가짜가 있습니까?"
"그렇다."
"그러면 진짜 부처님은 무엇입니까?"
"네 마음이 곧 진짜 부처이니라."

달아오르면 뜨거운 불길처럼 뜨거워지고
식으면 얼음처럼 차가워진다.
가만히 있으면 연못처럼 고요해지고
움직이면 하늘까지 뛰어오른다.
사나운 말처럼 가만히 매어져 있지 않은 것
이것이 곧 사람의 마음이다.

**장자**

# 내 마음이 보는 대로
# 세상이 보인다

나는 행복을 모르고 살았어요.

늘 화난 얼굴만 보여주는 괴팍한 사람이었죠.

매사에 부정적이었어요.

그랬더니 소중하게 여기던 것들이 모두 사라졌어요.

어느 날 갑자기 이런 생각이 들더군요.

계속 이렇게 외롭게 살 것인가?

아니면 어떻게든 다른 삶을 선택할 것인가?

그리고 나는 다른 삶, 즉 행복을 선택했어요.

인생에서 일어나는 일은

우리가 어떻게 할 수가 없다는 것이었죠.

부자에게도 빈자에게도 근심과 걱정 슬픔 불행은 공평하
게 찾아오죠.

자신의 뜻과는 상관없이 불쑥불쑥 찾아오는

인생의 불청객들을 뿌리칠 수 있는 사람은 없어요.

방법은 하나밖에 없더군요.

뿌리칠 수 없다면 받아들이는 것.

어떻게 뿌리칠지 걱정하는 대신

어떻게 받아들일지를 생각하는 것이

현명하다는 사실을 깨달았어요.
받아들이기 연습을 시작하자
인생이 가벼워지기 시작했어요.
그저 고요히 문을 열어 불청객을 맞이하면
불청객은 조용히 머물다가 스르륵 사라진답니다.

**잭 캔필드·마크 빅터 한센** 죽기 전에 답해야 할 101가지 질문 중

- 로마 철학자 세네카는 "지나간 과거로 자신을 학대하는 자나, 미래를 걱정하는 자나 어리석기는 마찬가지다."고 했다. 우리는 자신을 인정하고 신뢰하고 수용하여 자신을 사랑함으로써 마음의 상처를 치유할 수 있다.

- 우리 앞에 있는 고통을 피할 수 없는 것이라면 긍정적으로 받아들여서 고통으로부터 성숙해질 수 있고 삶을 배울 수 있다.

- 새로운 생각 감정 감각으로 삶을 바꾸어 인생의 가치를 결정하는 사람은 나다. 세상이 원망스러우면 내 마음을 바꾸면 세상은 달라 보일 것이다.

인생은 멋진 모험이 될 수도 있고
보잘 것 없는 것이 될 수도 있다.

**헬렌 켈러** 미국의 작가, 교육자

# 행복의 비결은
# 마음을 낮추는 것이다

타인의 마음을 이해하는 일에는 요령이 있다.
누구를 대하든 자신이 아랫사람이 되는 것이다.
그러면 저절로 자세가 겸손해지고
이로써 상대에게 좋은 인상을 안겨준다.
그리고 상대는 마음을 연다.

**괴테** 독일 철학자

- 이기심이 강한 사람은 교만해져 주변에 적들을 많이 만들뿐 아니라 사람들로부터 인격적인 대우를 받지 못한다.

- 공자는 "부유하기가 사해(四海)를 소유했더라도 겸손으로서 지키라." 고 했고 영국 작가 장 파울은 "언제나 겸손한 사람은 남에게 칭찬을 들었을 때나 험담을 들었을 때나 변함이 없다."고 했다.

- 세상에서 가장 어려운 일은 사람의 마음을 얻는 일이라고 셍떽쥐베리는 <어린 왕자>에서 말했다. 행복의 비결은 마음을 낮추는 것이다.

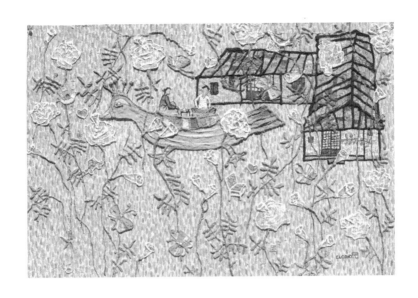

얼마나 진실한가
얼마나 이타적인가
공감 능력이 얼마나 뛰어난가
남의 말을 들어주고 배려하는 마음이 얼마나 깊은가 등이
호감에 강한 영향을 미친다.

**팀 샌더스** 부의 진실 중

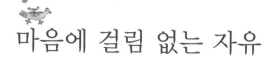

# 마음에 걸림 없는 자유

자유로운 삶을 그리워하면서도
인간은 삶을 스스로 구속하고 있다는 거다.
왜 인간은 삶을 스스로 구속하는가?
바로 욕심을 지닌 탓에 사서 고생을 한다는 것이다.
인생을 고(苦)라고 하지 말라.
인생 그 자체가 고(苦)인 것이다.
인간이 그렇게 할 뿐이다.

장자

사람은 마음이 즐거우면 종일 걸어도 싫증이 나지 않으나
마음에 근심이 있으면 잠깐 걸어도 힘이 든다.
인생 항로도 마찬가지니
언제나 명랑하고 유쾌한 마음으로 인생의 길을 걸으라.

**윌리엄 셰익스피어**

- 마음이 텅 빈 허공 같다면 걸릴 것이 없을 것이다. 마치 기러기 날아간 하늘에 흔적이 없듯이 마음이 맑아야 마음에 걸림이나 다툼이 없다. 마음을 비워 맑고 고요하게 어린아이의 마음 같아야 자유이다.

- 괴로움을 피하지 말고 괴로움의 실체가 집착임을 깨달아 집착을 없애는 것이 괴로움을 제거하는 길임을 알고 내려놓는 연습을 해야 한다.

- 세계적으로 우울증이 전염되고 있다.(세계보건기구의 우울증 통계) 선진국 미국에서 제일 잘 팔리는 약이 우울증 약이라 한다. 상대방에게 능력 있는 사람이라는 좋은 인상을 심어주고 싶다는 완벽주의 때문에 성실하고 소심한 사람들이 위험군에 속한다.


사람은 생각이라는 무기 공장에서
자기 자신을 파괴할 무기를 만들기도 하고
기쁨과 힘과 평화라는 천국 같은 마음상태를
실현하는데 쓸 도구를 만들기도 한다.
올바른 생각을 선택하여 참되게 적용하면
신적인 완벽함에 이르지만
그릇된 생각을 선택하여 잘못 적용하면
짐승보다 못한 수준으로 전락한다.

**제임스 앨런** 영국의 신비주의 작가

# 본성을 알면 표현할 수 없는
# 행복감을 느낀다

조용하게 앉으라.
그리고 그 안에서 누가 너의 생각을
관찰하고 있는가를 찾아보라.
주의 깊게 바라다보면
내 속에서 또 하나의 나를 발견하게 되리라.

그를 주의 깊게 관찰하고 이해하려고 노력한다면
바로 앞으로 확연하게 드러나리라.

그렇게 안을 들여다보라.
내 속의 또 하나 나를 찾으라.
그러면 완성이 가까우리라.

**묵타 난다** 인도의 수도승

- 깨달음을 얻은 성인들은 괴로움, 근심, 걱정, 불안에서 벗어나기 위해
  명상을 통하여 고요하고 편안한 마음을 누리며 지혜로운 삶을 살아
  왔다.

- 삶에 지친 현대인들에게는 영혼의 치유가 절실하다. 쾌락에 도취해

현실에서 도피할 것이 아니라 미래를 위해 영혼의 삶을 살아야 한다.

▪ 명상을 통해 내면의 가장 깊은 곳에서 순수 의식을 만나게 되고 개체 마음이 없어지고 전체와 하나가 되어 나와 우주가 합일되는 것을 알게 된다. 아상이 없어져 텅 비어 있는 그곳에는 참 자아가 자리하게 되어 표현할 수 없는 행복감을 느끼게 된다.

하늘을 향해, 저 태양을 향해, 풀을 향해, 나무를 향해,
동물을 향해, 인간을 향해 기쁨의 노래를 바쳐라.
이 기쁨이 사라지지 않도록 주의하라.
만에 하나 너의 인생에서 이 같은 기쁨이 사라졌다면
그것은 네가 어딘가에서 길을 잃었기 때문이다.

**톨스토이** 러시아의 대문호

# 지혜로운 사람은
# 항상 영혼을 맑게 한다

어느 날 나는 마음에서 모든 관념을 지워 버렸다.
모든 욕망도 버렸다.
생각을 위해 사용하던 모든 말도 버리고
고요 속에 머물렀다.
약간 묘한 느낌이었다.
마치 어딘가로 미끄러져 들어가는 것 같은
내가 모르는 어떤 힘을 건드리고 있는 것 같은
느낌이었다.
그리고 아아! 나는 들어갔다.
나는 내 육신의 경계를 잃어 버렸다.
물론 피부가 있지만
나는 우주의 한가운데에 서 있는 것 같은 느낌이었다.
말을 해 봤지만 말은 그 의미를 잃어 버렸다.
내게로 다가오는 사람들이 보였지만
그들은 모두 같은 사람이었다.
그들은 모두가 나 자신이었다.
나는 이 우주를 전혀 모르고 있었다.
나는 신에 의해 창조된 것으로 믿고 있었지만

이제 나는 그 믿음을 바꿔야만 한다.
나는 결코 창조되지 않았다.
나는 우주였다. 개인은 존재하지 않았다.

**잭 콘필드** 미국의 작가

- 우주 마음은 모든 것을 포용하는 순리의 마음, 참된 본성을 깨닫게 되면 모든 사물에 얽매이지 않고 물질의 소유에도 집착하지 않으며 모든 번뇌에서 벗어나 세상의 이치를 알게 된다.

- 세상에는 오직 하나의 생명, 하나의 세계, 하나의 존재만 있다. 만물은 바로 하나다. 누가 파도와 바닷물을 다르다고 할 수 있겠는가

**스와미 네켄** 캐나다의 19세기 영적 지도자

- 우주 전체가 하나의 존재, 당신은 우주와 하나이자 일부이다. 만약 당신이 지금 있는 곳에서 진실을 찾지 못한다면 다른 어디에서 진실을 찾겠는가? **도겐** 일본의 선사

- 지혜로운 사람은 항상 영혼을 맑게 하며 모든 것을 내려놓고 우주 마음으로 살아간다. 타인을 자기와 둘로 보지 않고 타인의 고통을 자신의 고통처럼 받아들인다.

현재 자기의 존재를 그만두지 않고는
어떤 생명도 한층 높은 차원의 존재로 승화할 수 없다.
변화를 위해서는 자신을 버리는 것부터 시작해야 한다.
**아난다 쿠마라스와미** 인도의 철학자

# 명상은 자신에게 선사할 수 있는
# 최고의 선물

명상을 배운다는 것은 삶을 꾸려가는 동안
당신이 당신 자신에게 선사할 수 있는 최고의 선물입니다.
오직 명상을 실천함으로써만
우리 본성의 고요함을 온전하게 맛보기 시작할 것이고
그 결과 명상 수행의 체험을
일상의 삶에서도 유지할 수 있습니다.
매일매일 음식물을 통해 영양분을 섭취하듯
명상 수행에 임해야 합니다.

**소갈 린포체** 깨달음 뒤의 깨달음 중

- 명상을 통해 우리가 느낄 수 있는 것은 좋아하거나 싫어하는 감정, 두려움과 슬픔 등의 그 무엇도 영원한 것은 없다는 사실을 아는 것이다.

- 명상은 마음을 비움으로써 스스로에게 휴식을 주는 것이다. 온갖 잡념들이 끓어오르는 생각들을 내면의 풍경을 감상하듯 우리 내면을 차분히 들여다보면서 집중하고 몰입하면 마음이 잔잔해지고 평화와 고요함을 느끼게 된다.

- 우리는 일상을 통하여 지나치게 많은 것을 생각하고 근심 걱정에 빠

져 버린다. 명상은 의식적인 호흡에 따라 숨을 들이 쉬고 내 쉬면서 생각을 멈추게 함으로써 내면의 휴식을 얻고 마음을 치유하여 고통을 행복으로 바꾸어 삶의 기쁨을 누리는 것이다.

**자비심을 키우는 '메타 수행법'으로 명상 중 자신을 위한 기도법**

- 내 안에 평안이 깃들기를 원합니다.
- 내 안에 행복이 차오르기를 원합니다.
- 모든 번뇌로부터 자유로워지기를 원합니다.
- 내 안에 자애심이 가득하기를 원합니다.
- 내 안에 기쁨이 가득하기를 원합니다.
- 그리고 평화와 안식 안에 머물기를 원합니다.

# 격랑을 넘어 진정한 자아를 보라

명상을 통해 오는 기쁨은 너무나 엄청난 것이었다.
눈 둔덕에서의 어릴 적 경험이 자꾸 되살아났고
만물은 저마다 나름의 완전함 속에서
아름답게 빛나고 있었다.
세상 사람들이 추악하다고 보는 것 속에서도
나는 영원한 아름다움을 발견하곤 했다.
이러한 영적인 사랑은 내 모든 지각을 가득 채웠다.
여기와 저기, 그때와 지금
너와 나라는 모든 경계선이 사라졌다.

**데이비드 호킨스** 의식 혁명 중

- 명상 수행은 삶을 즐기는 가장 지혜로운 길, 정서를 안정시키고 상한 감정을 치유시킬 뿐 아니라 마음을 정화시켜 안정을 이루게 한다.

- 명상은 생각을 놓아 버리고 의식을 집중하여 순수한 내면의 자아에 몰입함으로써 집착과 욕망에서 벗어나 세상을 보는 관점이 달라지며 자아가 초월되어 자연과 하나 되는 일치감으로 평온한 마음 상태를 경험한다.

- 명상을 통하여 신체적으로 느낄 수 있는 것은 손발이 따뜻해지고 소화력이 증진되어 피로감이 줄어들며 정신이 맑아지고 생기를 느끼게 되어 몸이 편안하고 마음이 넉넉해진다.

진정한 명상은 일체 아무 것도 생각하지 않는 것이다.
기억조차 떠올려서는 안 된다.
깊은 명상에 심취하면 어떤 것에도 흔들리지 않는다.
격랑을 넘어 진정한 자아가 보인다.

**쌍윳다니까야** 불교 경전

# 남을 기쁘게 해주는 방법을 먼저 배우자

그대가 값진 삶을 살고 싶다면
날마다 아침에 눈 뜨는 순간 이렇게 생각하라,
오늘은 단 한 사람을 위해서라도 좋으니
누군가 기뻐할 만한 일을 하고 싶다고.

**프레드리히 니체** 독일 철학자

- 내가 다른 사람과 좋은 유대관계를 맺고 싶다면 나의 생각을 내려놓고 상대방의 말을 경청하고 나와 다를 수 있음을 인정하고 수용하는 마음을 가져야 한다.

- M. 프리올은 "행복하게 되고 싶은 사람은 남을 기쁘게 해주는 방법부터 배우라."고 했다. 당신이 있어 세상은 살만하다고 말할 수 있는 삶이 진정한 행복이다.

- 친절은 온갖 모순을 해결하면서 생활을 장식한다. 얽힌 것을 풀어주고 난해한 것을 수월하게 해주며 암울한 것을 환희로 바꾸어놓는다.

**체스터 필드** 영국의 정치 외교관

다른 사람의 삶에서 고통을 덜어주려고 노력하지 않는다면
우리는 과연 무엇 때문에 살고 있단 말인가?

**조지 엘리엇** 영국의 여류소설가

# 이타적인 사람은
# 항상 마음이 평화롭다

불행의 원인은 늘 나 자신이다.
몸이 굽으니 그림자도 구부러진다.
어찌 구부러진 그림자만을 탓할 것인가.
나 이외에는 아무도 나의 불행을 치료해줄 사람이 없다.
불행은 내 마음이 만드는 것이며
내 마음만이 그것을 치료할 수 있는 것이다.
마음을 평화롭게 가지라.
그러면 그대의 표정도 평화로워질 것이다.

**파스칼** 프랑스 수학자, 철학자

- 고통의 원인을 다른 곳에서 찾지 말라. 고통의 원인이 우리에게 있는 것처럼 고통에 대한 책임도 우리 자신에게 있다.

- 똑같은 처지에 있는 사람이 불행해 보이기도, 행복해 보이기도 하는 것은 그것을 어떻게 받아들이느냐 하는 우리 마음가짐이다.

- 이타적인 사람은 항상 마음이 평화롭지만 이기적이고 자기중심적인 사람은 행복할 수 없다.

- 마음은 원래 텅 비워져 있어 그곳에 미워하는 마음과 슬픈 마음을 채우면 슬픔과 미워하는 마음이, 아름답고 행복한 마음을 채우면 아름답고 행복한 마음이 된다.

당신의 외부에서 벌어지는 일에 관심을 가지기보다
당신의 내부에서 벌어지는 일에 더 관심을 기울이도록 하자.
당신의 내부를 잘 다스리면 외부의 것은
저절로 맞추어지게 되어 있다.

**에크하르트 톨레** 영국의 영성가

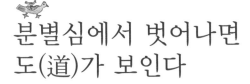

# 분별심에서 벗어나면
# 도(道)가 보인다

지극한 도는 어렵지 않으니
오직 가려서 택하지만 말라.
좋은 것 싫은 것 옳은 것 그른 것
아름다움과 추한 것으로 나누고 그 한쪽을 선택하는 것
분별하는 마음만 내려놓으면
진리와 깨달음에 이를 수 있다.

**승찬 대사** 신심명 중

- 인간은 욕심 때문에 번뇌로 고통 받으며 살아간다. 잘났다, 못났다, 가졌다, 초라하다, 나를 남과 비교하는 분별심 때문에 내가 불행하다.

- 몸과 입과 마음에서 피어나는 고통과 영혼의 목마름에서 자신을 놓아주는 것이 집착과 번뇌에서 벗어나는 것이다.

- 장자크 루소는 "인간은 자유롭게 태어났지만, 여기저기 철장 속에 갇혀 있다."고 했다. 붙잡고 놓지 못하는 마음 때문이다.

흙과 뿌리와 잎이 하나도 없는 나무에 어찌 넝쿨이 있으랴.
근심을 받아들이고 번뇌가 스며들 틈이 없는 자에게
고통은 다가오지 않는다.
다른 사람과 비교하는 마음
상대를 이기고 말겠다는 몸부림
누구보다 돋보이고 싶다는 자만
이 모든 것이 한 데 엉켜 고통의 싹을 키운다.
단호하게 끊어라.
자유를 속박하고 있는 그 어지러운 넝쿨을.

**우다나바르가** 산스크리트어 법구경


마음의 고통은 육체의 고통보다 더 견디기 힘들다.
마음의 목마름은 물을 마신다고 해서 해갈되지 않는다.
마음의 평온함을 얻은 사람은
자기 자신에게나 타인에게도 따뜻하고 평화롭다.
마음이 선량하면 모든 것이 좋아진다.
마음을 열고 향상시키기 위해서는 명상이 필요하다.

**르네 데카르트** 프랑스 철학자

감사합니다
사랑합니다

사랑할수록 더욱 사랑스러운 사람이 된다.
사랑은 친절을 낳고 존경을 끌어내며
긍정적인 태도를 갖게 만들뿐 아니라
기쁨, 평화, 아름다움, 조화를 가져다준다.
**스태니 슬라우스 케네디** _아일랜드 작가


나를 있는 그대로 사랑해주는 사람을
만나는 것이야말로 세상을 살아가면서
받을 수 있는 가장 근사한 선물이다.
**패디 S. 헬스** _미국의 심리학자

# 스스로 사랑이 되어라

당신 스스로 사랑이 되라.
그리하면 원하는 것을 모두 이루리라.
스스로 사랑이 되라.
이 세상은 당신이 원하는 것 모두를
이루고자 노력하기 시작한다.
이 우주가 당신을 위해
모든 것을 이루어주려고 할 것이다.
당신이 그토록 사랑했던 현인을 위해
모든 것을 아낌없이 주려했던 그 마음처럼
그대가 그대 스스로를 사랑한다면
그대 자신이 스스로 사랑이 된다면
온 세상이 온 우주가 당신의 그 사랑으로
원하는 모든 것을 준비하고 이루어갈 것이다.

**청학 울리 싸만코** 선도와 요가 수행자
'불멸의 사랑 테오시스' 저자

- 인생에서 가장 큰 행복은 사랑하고 사랑받는 일이라 한다. 사랑을 알기 위해서는 스스로가 사랑 속에 있어야 한다.

- 사랑은 자기희생이 따를 때 아름답다. 독일의 소설평론가 토마스 만은 "죽음보다 강한 것은 이성이 아니라 사랑이다."고 했다. 릴케는 말했다. "사랑은 어려운 일입니다. 사랑이 다른 일보다 어려운 까닭은 사랑이 커지기 시작하면 자기를 송두리째 주고 싶은 충동이 일어나기 때문입니다."

사랑은 상실이며 희생이며 단념이다.
자기가 가진 전부를 주었을 때 사랑은 더욱 풍요로워진다.

**카를 구츠코브** 독일의 소설가

# 사랑이 충만한 마음으로 이 날을 맞이하리라

나는 사랑이 충만한 마음으로
이 날을 맞이하리라.
사랑이야말로 모든 성공 뒤에
은밀히 감춰진 위대한 힘이다.
무력은 방패를 무너뜨리고
심지어 생명을 앗아갈 수도 있다.
그러나 사랑의 보이지 않는 힘은
다른 사람의 마음까지도 움직일 수 있다.
그렇다면 나는 어떻게 사랑해야 하겠는가?

이제부터 모든 사물을 사랑으로 바라봄으로써
나는 다시 태어날 것이다.
나는 태양을 사랑하리라,
나의 몸을 따뜻하게 해주니까
그러나 소낙비도 사랑하리라,
나의 영혼을 깨끗이 해주니까
나는 밝음을 사랑하리라,
나의 길을 밝혀주니까

그러나 어둠도 사랑하리라,
별을 볼 수 있게 해주니까
나는 행복을 사랑하리라,
내 가슴을 가득 채워주니까
그러나 슬픔도 사랑하리라,
나의 마음을 가다듬어주니까
나는 당당히 보상을 받으리라,
내 노력의 대가니까
그러나 난관들도 환영하리라,
나에게 도전이 되니까
나는 야망을 가진 자를 사랑하리라,
그들은 나를 분발시켜 주니까
그러나 실패한 자들도 사랑하리라,
그들은 나에게 교훈을 주니까
나는 강건한 왕들을 사랑하리라,
그들도 결국 인간이니까
그러나 온순한 자들도 사랑하리라,
그들은 믿음이 좋으니까

**오그 만디노** 위대한 상인의 비밀 중

- 사랑은 지배하는 것이 아니라 자유를 주는 것이다.

**에리히 프롬**

- 노자는 "삶이란 베풀고 사랑하는 것, 사랑이 없으면 그 무엇도 불가능하다."고 했다. 사랑 받고 싶으면 사랑을 베풀어라.

- 진정한 스승은 '삶에서 가장 중요한 것은 사랑'이라고 가르친다. 내가 진정으로 따르는 신앙은 모든 살아 있는 것들을 사랑하는 것이다.

**톨스토이**

- 행복을 찾아 나서는 모든 여정은 결국 사랑을 찾는 길이다. 사랑은 우주에서 가장 강력한 접착제이다.

난 나를 사랑해
아무도 변하지 않을지라도
내가 변하면 모든 것이 변합니다.
아무도 나를 사랑하지 않을지라도
내가 나를 사랑하면 모두가 나를 사랑하게 될 겁니다.

**오노레 드 발자크** 프랑스 사실주의 문학의 아버지

# 사랑은 우리 인생의 가장 아름다운 꽃이다

천국에서는 늘 이렇다.
그리고 언젠가
땅에서도 다시 그러할 것이다.

서로에게 빛을 주는
남자와 여자는 자주 무릎을 꿇고
그러고는 눈물이 고인 눈으로
진심을 다해 말할 것이다.

내 사랑
어떻게 내가 당신을 사랑할 수 있을까요?
어떻게 내가 더 친절할 수 있을까요?

**하피즈** 중세 페르시아의 서정 시인

- 가난한 사람은 사랑이 부족한 사람이다. 사랑에 굶주린 사람은 영혼이 메말라 있다. 사랑의 마음은 모든 것을 포근히 안을 수 있는 힘이다.

- 안기기를 갈망합니다. 당신 가슴의 위대한 손에.
  오, 지금 그 손으로 나를 안아 주오.
  그 안에 나는 이 파편들과 내 삶을 내려놓습니다.

  **릴케**

- 신을 사랑하든 인간을 사랑하든 충분히 사랑한다면 당신은 그 자체 안으로 들어가게 될 것이다.

  **잘랄루딘 루미** 모든 것을 사랑에 걸어라 중


고통스럽지 않는 사랑은 없다.
사람을 초죽음으로 몰지 않는 사랑은 없다.
사람을 시들게 만들지 않는 사랑은 없다.
그리고 네 조국의 사랑보다 더 지독한 사랑도 없다.
눈물로 살아가지 않는 사랑은 없다.
행복한 사랑은 없다.
그래도 이는 우리 둘이 가꾸어 가야 할 사랑이어라.

**루이 아라공** 행복한 사랑은 없다 중

# 우리는 사랑하기 위해 태어났다

사람은 사랑하기 위해 태어났다.
악기 연주하는 법을 배우듯
사랑하는 법도 배워야 한다.

다른 사람을 사랑할 때
두려울 것도 더 바랄 것도 없이
우리는 세상의 모든 존재와 하나가 된다.

열매가 자라기 시작하면 꽃잎이 떨어진다.
영혼이 자라기 시작하면
우리의 약한 모습도
그 꽃잎처럼 모두 사라진다.

가장 중요한 일은
나와 인연 맺은 모든 이들을 사랑하는 일이다.
몸이 불편한 이
영혼이 가난한 이
부유하고 비뚤어진 이

버림받은 이
오만한 이까지도
모두 사랑하라.

진정한 스승은
삶에서 가장 중요한 것은
'사랑'이라고 가르친다.

사랑은 우리 영혼 속에 산다.
타인 또한 자기 자신임을 깨닫는 것
그것이 바로 사랑이다.
사람은 오직 사랑하기 위해서
이 세상에 태어났기 때문이다.

**톨스토이** 살아갈 날들을 위한 공부 중

- 사랑을 얻기 위해 할 수 있는 모든 일을 하기 보다는 사랑을 얻고 난 후 변함없는 사랑이 진정한 사랑이다. 오쇼 라즈니쉬가 한 말이다.

- 세상은 메아리의 세계다. 우리가 세상에 분노를 퍼부으면 세상은 우리에게 분노로 되받아친다. 우리가 사랑을 주면 세상도 사랑으로 화답한다. 자연의 법칙 안에 '주는 대로 받는 대로'의 진리가 있다.

- 우리가 할 수 있는 최선의 일은 남을 더 많이 사랑하는 것이다. 진정으로 풍요로운 영혼을 위해서

사랑은 도처에 있다.

사랑은 모든 것이다.

사랑은 당신이 이야기를 알고 있는 만물의 원동력이다.

사랑은 만물의 원인이자 심장이자 목적이다.

사랑이라는 똑같은 말이 신에게 와

그의 피조물에게 쓰인다.

　　**장 도르메송** 거의 모든 것에 관한 거의 아무 것도 아닌 이야기 중

# 사랑만 해도 모자랄 시간에

지금 이 순간
당신 주변의 사람들을 떠올려 보라.
그들이 얼마나 소중하고
나는 그 사람들을 얼마나 아끼고 사랑하는지
그리고 그들에게 얼마나 많은 마음의 빚을 지고 있는지
찬찬히 생각해 보라.

사랑만 해도 모자랄 시간에
작고 사소한 것 때문에
혹은 알량한 자존심 때문에
다투고 화내고 고함치며
서로 미워하기라도 하는 것처럼
으르렁댔던 그 순간들을

**에릭 블루멘탈** 1% 더 행복해지는 마음 사용법 중

- 미움은 미움을 없애지 못한다. 인간의 가슴에 남아 있는 미움과 멍든 상처를 치유할 수 있는 것은 오직 사랑뿐이다.

- "사랑과 명상이 당신 속에서 아직 생겨나지 않았다면 당신의 지금까지 삶은 무효"라고 붓다는 말했다. 사랑은 판단하지 않고 감싸 안으며 보살펴주는 숭고한 마음이다.

- 카렌선드는 "사랑하는 것은 천국을 살짝 엿보는 것"이라 했고, 데이비드 비스코트도 "사랑하고 사랑받는 것은 양쪽에서 태양을 느끼는 것"이라 했다.

남을 받아들이고 세상을 받아들여라.
그러면 당신은 모든 것이 사랑으로 가득 찼다는 걸
곧 깨닫게 될 것이다.

**바바 하리다스** 인도의 성직자

# 사랑은 소유하는 것이 아니라 지켜주는 것이다

사랑에는 엄청난 욕구와 기대가 내재되어 있다.
사랑을 느끼기를 필요로 하기 때문에
상대방으로부터 사랑을 구걸한다.
또한 그 사람이 당신보다
다른 사람을 사랑할까 두려워 한다.
그래서 당신은 사랑을 소유하려 한다.
관계를 지배하려 하고
상대방의 행동을 통제하려 하며
당신에게 보이는 반응까지 통제하려 한다.
소유함은 사랑이 아니다.
두려움, 기대, 집착도 사랑이 아니다.

**슈리 바가반** 원네스 창시자

- 사랑만큼 아름다운 것은 없으며 주면 줄수록 행복해지는 것이 사랑이다. "인생을 뒤돌아 보면 진정한 삶의 순간은 사랑하는 마음으로 향했던 때였음을 알게 될 것"이라고  헨리 드럼먼드는 말했다.
  정신분석의 칼 매닝거도 "사랑은 사람을 치료한다. 사랑을 주는 사람, 사랑받는 사람 모두를"이라고 했다.

- 미국의 작곡가 에덴 아베츠는 냇킹 콜의 노래 '네이처 보이'에서 "네가 배우게 될 가장 위대한 것은, 그저 사랑하고 사랑받는 법"이라고 했다.

사랑하라, 그리고 사랑하라.
사랑에 일심 집중하고
밤이나 낮이나 사랑으로 자신을 조율하라.
앉아서 식사할 때에는 사랑을 생각하고 사랑을 느껴라.
그리하면 음식 맛이 더 좋아질 것이다.
사랑은 낙원으로 들어가는 황금문이다.
매일매일 사랑을 명상하라.
사랑은 두려움을 몰아낸다.

**붓다**

# 남에게 줌으로써 얻어질 수 있는 것

세상에는 놀랍고도 신비스런 자연법칙이 하나 있는데
바로 인간들이 삶에서 간절히 갈망하는 세 가지
행복, 자유, 그리고 마음의 평화는
항상 그 세 가지를 남에게 줌으로써
얻어질 수 있다는 것이다.

**메리 제인 라이언** 줌 : 행복한 사람들의 또 다른 삶의 방식 중

- 남에게 친절하고 관대하고 존중하면 마음의 평화와 행복한 마음이 싹 튼다.

- 디어도어 루빈(작가)은 "행복은 입맞춤과 같다. 행복을 얻기 위해서는 누군가에게 행복을 주어야만 한다."고 했다.

- 괴테는 "사랑하는 것이 인생이다. 사람과 사람 사이의 결합이 있는 곳에 기쁨이 있다."고 했다.

- 미국의 교육자 레오 버스카글리아도 "많은 것을 열정적으로 사랑하는 사람에게는 인생 그 자체가 천국"이라고 했다.

그저 감사한 생각을
하늘로 올려 보내는 것이야말로
가장 완벽한 기도다.

**고드홀트 에프라임 레싱** 독일의 극작가

# 감사하면 감사할 일이 생긴다

감사한 마음으로 하루를 사세요.
감사는 삶에 대한 만족감과 기쁨을 증가시킴으로써
인간관계를 향상시키고 사랑이 넘치도록 만들며
갈등을 해결하고 협력하도록 만든다.

진심으로 무의식적으로 무조건 실천하는 감사는
아무리 견디기 힘든 상황도 가치 있게 만드는 일이다.
그러므로 감사는 마치 기적처럼
불가능한 것을 가능하게 만들 수 있다.

**뇔르 C. 넬슨** 소망을 이루어주는 감사의 힘 중

- 우리 마음에서 감사함이 사라졌을 때 세상에는 좋은 것도 하고 싶은 것도 없는 삭막함뿐이다.

- 감사하면 감사할 일이 생긴다. 일상의 감사함이 내 안에 자리 잡고 있으면 항상 행복한 생각뿐이다.

- 항상 남을 좋게 보는 모습은 나도 즐겁고 상대방에게 기쁨을 준다.

- 감사하는 마음이 우리를 행복하게 만들고 행복 자체가 감사하는 마음이다. 존 컬러는 "그 사람이 얼마나 행복한가는 감사의 깊이에 달려 있다."고 했다.

세상은 감사하는 자의 편이다.
당신이 무엇의 확장을 추구한다면
그리고 인생의 행복을 추구한다면
당신은 원하는 것보다 더 큰 것을 이뤄낼 수 있다.
내 인생에서 어떤 일이 일어나든
감사하는 법을 배웠을 때
기회, 사람들과의 관계, 부까지도 내게로 다가왔다.

**오프라 윈프리** 미국의 방송인

# 세상은 감사할 일로 가득 차 있다

우리가 사는 세상은 감사한 일로 가득 차 있다.
몸을 눕힐 수 있는 집이 있고
먹을 것이 있으니 고마울 뿐이고
서로 염려해 주는 가족과
인연을 맺은 모든 사람들이 있어 고맙다.
너무나 아름다운 자연과 어울릴 수 있으니 행복하고
마음대로 자유롭게 다닐 수 있으니 감사할 뿐이다.
항상 상냥하고 즐거우며
생기가 넘쳐흐르는 유쾌한 사람이 되게 하고
그리고 아주 작은 일에도 감사하게 하소서.

**잘랄루딘 루미** 기도 중

▪ 행복감을 얻기 위해서 사랑과 가슴 깊은 곳에서부터 우러나오는 감
사함을 느끼는 것. 감사는 감사하는 생각에서 나온다. 우리는 날마다
감사할 일이 너무 많다. 나를 맞아주는 아내와 남편, 따뜻한 이웃이
있어 고맙고 나를 아빠로 선택한 아들딸, 나와 인연 맺은 사람들 모
두가 고맙고 감사하다.

감사만이 꽃길입니다.
누구도 다치지 않게 걸어가는 향기 나는 길입니다.
감사만이 보석입니다.
슬프고 힘들 때도 감사할 수 있으면
삶은 어느 순간 보석으로 빛납니다.
감사만이 기도입니다.
기도 한 줄 외우지 못해도
그저 고맙다 되풀이 하다 보면
어느 날 삶 자체가 기도의 강으로 흘러
가만히 눈물 흘리는 자신을 보며 감동하게 됩니다.

**이해인** 수녀, 시인

# 고마운 일만 기억하기에도 짧은 인생이다

이상하게도
남에게 섭섭했던 일은 좀처럼 잊혀지지 않는데
남에게 고마웠던 일은 슬그머니 잊혀지곤 합니다.
반대로
내가 남에게 뭔가를 베풀었던 일은 오랫동안 기억하면서
남에게 상처를 줬던 일은 쉽사리 잊어버리곤 합니다.
타인에게 도움을 받거나 은혜를 입은 일을 기억하고
타인에 대한 원망은 잊어버린다면
삶이 훨씬 자유로워질 것입니다.
고마운 일만 기억하고 살기에도 짧은 인생입니다.

**뤼궈룽** 한 걸음 밖에서 바라보기 중

- 우리가 삶을 통해서 미루지 말고 꼭 해야 할 일은 내가 상처 준 사람들에게 용서 받는 일, 내게 상처 준 사람을 용서하는 일이다. 세상을 살면서 본의 아니게 매어지는 매듭을 현명한 사람은 계속 풀지만 우둔한 사람은 매듭을 계속 매면서 간다.

- 하루하루 살아가는 모든 일상이 타인을 원망하기보다 감동과 사랑이 되게 하는 것이 지혜로운 삶이다.

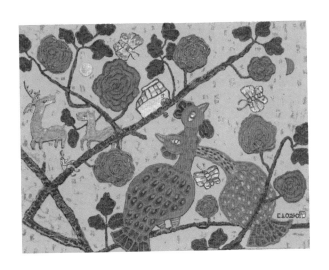

타인의 마음을 얻는 방법
타인의 마음을 이해하는 일에는 요령이 있다.
누구를 대하든 자신이 아래 사람이 되는 것이다.
그러면 저절로 자세가 겸손해짐으로써
상대에게 좋은 인상을 안겨준다.
그리고 상대는 마음을 연다.

**괴테** 독일의 대문호

# 슬기로운 사람은 끊임없이 자기 자신을 낮춘다

겸손하라.

그러면 아무도 그대를 모욕하지 못한다.

에고를 버려라.

그러면 누구도 그대에게 상처를 줄 수 없다.

그대에게 화를 내는 사람에게 휘둘릴 필요는 없다.

거기에는 두 가지 가능성 밖에 없다.

상대는 바른 말을 한 것뿐인데

그대가 괜히 모욕당했다고 느끼는 경우와

상대가 얼토당토 않은 트집을 잡는 황당한 경우이다.

두 경우 모두 웃어넘기면 그만인 상황이다.

그러나 상대가 옳다고 여겨진다면

그가 하는 말을 겸손하게 수용하라.

그대가 겸손하면 결코 자존심 상할 일이 없다.

**오쇼 라즈니쉬** 명상가

- 겸손은 인생을 살아가면서 가장 중요한 덕목 중 하나이며, 성공을 위한 첫 번째 요소로써 겸손한 사람은 어디서나 아름답게 보인다.

- 삶을 살아가면서 가장 중요한 교훈은 자신을 낮추는 것이다. 겸손이

미덕인 시대에 슬기로운 사람은 끊임없이 자기를 낮춘다. 자기 자신으로 만족하기에 남들이 알아주기를 바라지 않기에 참으로 부유한 사람이다.

- 퇴계 이황 선생의 자호를 도옹(陶翁)이라 했다. 질그릇 짓는 옹기장이라는 뜻. 옹기장이란 천민을 뜻하니 스스로 몸을 낮춘 것.

- 오만하면 손해 보지만 겸손하면 이익이 찾아온다. (慢招損 謙受益)

잠언에,
탁월함과 겸손함을 겸비한다면
사람들은 당신을 공격하지 않는다.
오히려 당신을 존경할 것이다.

**구약 성경**

인간의 가치는 얼마만큼 남에게 사랑을 받느냐 보다
얼마만큼 주위 사람들에게 사랑을 베푸느냐에 달려 있다.

**에픽테투스** 그리스 철학자

행복한 가정
좋은 인연

사람은 집에 있을 때

그의 행복에 가까워지고

밖으로 나가면

그의 행복에서 가장 멀어진다.

J G. 홀런드

# 가정은 행복의 근원이다

화목하면 자연히 즐거움이 있다.
집안에 잘못이 있으면
반드시 부드러운 말로써 가르쳐라.
현재의 환경에 늘 감사하게 생각하며
결코 세상이나 누구를 원망해서는 안 된다.
사업과 출세를 위해서는 누구나 땀을 흘리며 노력하지만
실상 자신의 가정의 행복에 대해서는
아무 것도 하지 않는 것이 보통이다.
남자들은 대개 집에 돌아올 때는 상당히 피곤해 있다.
그래서 가정에서는 마음을 놓고
나오는 그대로 말하고 행동한다.
그러나 이것은 잘못된 행동이다.
밖에서 예를 다 갖추고 남을 존중하던 태도가
가정에서는 무시하고 사소한 일에도
참지 못하는 경우가 많다.
가정의 행복을 위해서는
가장 좋은 방법으로 자신을 표현할 필요가 있다.
벌컥 화를 내는 것은 잘못된 자신을 표하는 것이다.
우리가 좋은 남편이나 좋은 아버지가 되려면

언행이 충분히 다듬어지지 않으면 안 된다.

**알랭** 프랑스 저술가

- 바깥에서 얻은 근심과 걱정은 집안에 들어가기 전에 모두 지워버려야 한다. 네덜란드에는 "당신이 집에 들어가기 전에 반드시 문 앞에서 신발을 벗어야 한다."는 교훈이 있다.

- 젊은 부인들은 남편을 방금 만난 사람처럼 예의를 지켜야 한다. 무례함은 어떤 남성이든 좋아하지 않는다.

**담로쉬 부인**

- 프란치스코 교황은 "완벽한 가정이란 존재하지 않는다. 불완전한 가정에서 사람들이 태어나고 자라며 배워가는 것이다. 접시가 날아다녀도 가정이 행복의 근원이며, 때로는 다툴 수 있지만 언제든 화해하고 다시 하나로 될 수 있다."고 했다.

- 인간의 행복은 외모나 재산에 있지 않고 따뜻한 마음으로 가꾼 가정에 있다.

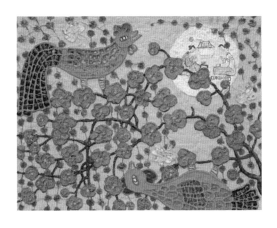

# 더 많이 껴안고
# 더 적게 다투어라

결혼생활의 행복은
대단히 민감하게 다루어야 얻어지는 것이기 때문에
작은 문제라도 함부로 다루어서는 안 된다.
마치 예민해서 다루기 어려운 식물 같아서
마구잡이로 만지면 상처받고
무관심하게 두면 얼어 죽으며
의심의 눈으로 보면 파멸해 버린다.

결혼의 행복이라는 꽃나무는
항상 부드러운 애정을 쏟아부어야 한다.
따뜻한 배려라는 볕을 쪼여서 꽃이 피게 해 주고
어떠한 일에도 흔들리지 않는
신뢰라는 절벽 속에서 지켜주어야 한다.
이런 정성으로 가꾸어지는 결혼의 행복이라는 꽃나무는
인생의 모든 시기에 향기로운 꽃을 피워서
노년의 쓸쓸함까지도
감미로운 인생으로 바꿀 수 있을 것이다.

**토마스 스프라트** 영국 작가

- 가정이 화목해야 만사가 형통한다. 집안이 평안하면 만사가 즐겁다는 옛 말이 있듯이 가정에 우애가 깊으면 행복한 집이고 불화가 그치지 않으면 불행한 집이다.

- 행복한 가정은 모두 엇비슷하지만 불행한 가정은 각기 다른 이유로 불행하다. **톨스토이** 안나 카레리나 중

- 미국의 제3대 대통령 토마스 제퍼슨은 "내 인생에서 가장 행복했던 순간은 집에 있는 가족의 품속에서 보낸 얼마 안 되는 시간이었다." 고 회고했다.

- 사람들은 자신의 남편이나 아내에게 너무 높은 기대치를 갖고 상대에게 자신의 이상을 강요하게 되면서 부부관계에 문제가 일어난다. 부부는 서로 평가하려고 하지 말고 가능한 한 수용하는 자세가 될 때 서로 마음이 편안해질 것이다.


인간은 생각이 아닌 사랑을 통해서 살아간다.
지구가 태양 없이 살 수 없듯
인간은 사랑 없이 살 수 없다.

**톨스토이**

# 서로 자유롭게 해주어라

당신의 아내와 남편은 당신의 일부가 아니다.
사랑받고 살아온 한 가정에서
소중하게 자란 아들이고 딸이다.
당신과 함께 생활하지만
결코 당신의 생각과 같지는 않을 것
당신의 생각을 강요해서는 안 된다.
상대방을 이해하려고 노력할지라도
내 자신을 이해해주지 않는다고
상대방에 화를 내서는 안 된다.

**칼릴 지브란** 예언자 중

- 무엇을 가족이라 말하는가. 즐거울 때 같이 즐거워하고, 괴로울 때 같이 괴로워하며 일을 할 때는 뜻을 모아 같이 하는 것을 가족이라 한다. **잡아함경**

- 남자란 결혼하면 가정이란 무거운 짐을 지고 가정을 지탱하기 위해 궂은 일도 마다하지 않는 게 가장이다. 방글라데시 보석 채굴 광부의 일상을 TV에서 본 적이 있다. 지하 수십 미터 갱도에서 목숨을 담보로 작업하는 광부가 집에 돌아오니 반갑게 맞아주는 아내와 아버지 품에 안겨 아빠의 뺨에 입맞춤을 해대는 딸의 모습에서 한 가정의 사랑과 믿음, 평화와 행복을 볼 수 있었다.

- 가정은 외로움이 사라지는 곳이고 세상에서 가장 아름다운 곳이 가정이다.


가족이 나를 지켜봐주고 있으리라는 사실을 아는 것이
바로 정신적인 안정감이지.
가족 말고는 그 무엇도 그걸 줄 순 없어.
돈도, 명예도…

**미치 앨봄** 모리와 함께 한 화요일 중

# 어머니의 사랑은 부처님 하느님을 대신할 수 있는 사랑이다

엄마는 그래도 되는 줄 알았습니다.
엄마는 그래도 되는 줄 알았습니다.
하루 종일 밭에서 죽어라 힘들게 일해도
엄마는 그래도 되는 줄 알았습니다.
찬밥 한 덩어리로 대충 부뚜막에 앉아 점심을 때워도
엄마는 그래도 되는 줄 알았습니다.
한겨울 냇물에서 맨손으로 빨래를 방망이질해도
엄마는 그래도 되는 줄 알았습니다.
배부르다 생각 없다 식구들 다 먹이고 굶어도
엄마는 그래도 되는 줄 알았습니다.
발뒤꿈치 다 헤져 이불이 소리를 내어도
엄마는 그래도 되는 줄 알았습니다.
손톱이 깎을 수조차 없이 닳고 문드러져도
엄마는 그래도 되는 줄 알았습니다.
아버지가 화내고 자식들이 속 썩여도 끄떡없는
엄마는 그래도 되는 줄 알았습니다.
외할머니 보고 싶다 외할머니 보고 싶다
그것이 넋두리인 줄만 알았는데

한밤중 잠에서 깨어 방구석에서
하염없이 소리 죽여 울던 엄마를 본 후로
아!
엄마는 그러면 안 되는 것이었습니다.

**심순덕** TV동화 행복한 세상 중

- 이 세상에서 가장 아름답고 따뜻한 단어는 어머니이다. 어머니라는 말만 되뇌어도 눈물이 나는 것은 이 세상 무엇보다 따뜻한 단어이며, 당신의 목숨보다 더 소중하게 생각한 사람이 나이기 때문이다. 우리가 지치고 힘들 때 나를 응원하는 어머니를 생각하면 어떤 위기도 극복할 수 있다.

- 맛있는 것도 사드리고 경치 좋은 곳도 구경시켜 드리려 했는데 핑계를 대면서 내일로 미루다가 사랑하는 어머니를 불러도 대답이 없을 때 가장 슬프다. 어머니는 한없이 기다려주시지 않는다.

신이 너무 바빠서 우리 인간에게 어머니를 주셨다는 말이 있다.
어머니의 사랑은 부처님 하느님의 사랑을 대신할 수 있는 사랑
이다. **탈무드**

# 아름다운 인연

어리석은 사람은 인연을 만나도 몰라보고
보통 사람은 인연인 줄 알면서도 놓치고
현명한 사람은 옷깃만 스쳐도 인연을 살려 낸다.

**피천득** 수필가

- 만남의 책임은 나 자신에게 있다. 나의 모든 인연은 나 스스로 선택하여 만난 사람들이고 내가 만난 사람들이 곧 내 인생이다.

- 사람은 만남으로 이루어진다. 내가 만나는 사람들과 어떤 관계를 유지하느냐에 따라 내 삶은 달라진다. 풍요로울 수도 핍박해질 수도 있는 것이 사람의 인연이다. 좋은 인연을 만들기 위해서는 늘 상대방 입장을 헤아리고 진심으로 사람과의 만남에서 정성을 다해야 한다.

- 그 사람을 사랑하는 것은 쉽게 이루어질 수 있어도 그 사람을 잊는데는 평생이 걸린다.

- 인간으로서 살아가는 기쁨과 고통도 사람과의 만남에서 시작된다. 사람으로부터 존경을, 미움을, 죽임을 당하는 것도 사람과의 만남에서다. 좋은 만남도 불행한 만남도 인연에 따라 이루어진다.

- 조비데일은 "남에게 베푸는 것은 우리 몸에 자양분을 공급하듯이, 영혼에 자양분을 주는 것과 같다."고 했다. 한 번 뿐인 인생을 아름답게 살기 위해서는 누군가에게 필요한 삶이 되어야 한다.

# 인연이 인연을 낳고

귀족 아들이 수영을 하다가
익사 직전에 한 농부의 아들이 구해주었다.
시골 아이는 의사가 되고 싶었지만
가난한 환경으로 꿈을 접으려는 것을 귀족 아들이
런던 의과대학에 공부하게 하여 의사가 되었다.
이 사람이 페니실린을 발명하여
1945년 노벨 의학상을 받은 알렉산드로 플레밍이다.
그의 학업을 도운 귀족 소년은
26세의 나이에 국회위원이 되었다.
불치병에 가까운 폐렴에 걸려 목숨이 위태로웠으나
플레밍은 자신이 만든 페니실린으로
전쟁터까지 날아가 목숨을 구해주었다.
시골 소년이 두 번이나 생명을 구해준 이 귀족 소년은
윈스턴 처칠이다.
어릴 때 우연한 기회로 맺은 우정이 평생 이어지면서
삶에 빛과 생명을 준 아름다운 인연이었다.

# 월광곡

어느 달 밝은 밤에 베토벤이 산책을 나섰다가
자신의 곡이 흘러나오는 피아노 소리에
이끌려 어느 오두막집을 방문하게 되었다.
그곳에는 놀랍게도 맹인 소녀가 피아노를 치고 있었다.
이웃에 사는 백작 부인의 피아노 소리를 듣고
익혔다고 했다.
베토벤을 알아보지 못한 그 소녀는
베토벤이 직접 연주하는 것을 들어보는 것이
평생 소원이라고 했다.
베토벤은 창문으로 쏟아져 들어오는 달빛에 취한 채
소녀를 위해 건반을 두드리기 시작했다.
생면부지의 맹인 소녀와 베토벤의 우연한 만남에서
즉흥적으로 만들어진
달빛 소나타(월광곡)가 탄생되는 순간이었다.
베토벤은 28세 때 음악가로서는
치명적인 청각을 잃게 되고
명성을 얻고 있었던 말년에도
우울증으로 절망적이었음에도
그때 생애 최고의 교향곡인 영웅, 운명, 합창 등을

작곡했다.

"훌륭하고 고결한 행동을 하는 사람은
다만 그 한 가지만으로도
불행을 견디어 나갈 수 있는 사람이다.
나는 그것을 증명하고 싶었다."
베토벤의 울림 있는 말이다.

# 역경을 이겨낸 인내

헬렌 켈러를 48년간 인내하며 가르친
앤 멘스필드 설리번은 알콜 중독자인 아버지와
결핵으로 사망한 어머니
그리고 동생마저 먼저 죽은 비운의 가정에서 자랐다.
정신 질환과 실명까지 겹쳐
병원에서도 회복 불가능 판정을 받았지만,
병원에서 은퇴한 한 간호사에 의해
지극정성으로 보살핌을 받아
마음의 문을 열고 웃음을 되찾게 된다.

훗날 그녀가 받은 헌신과 사랑을
헬렌 켈러에게 쏟아 부어 헬렌 켈러를
절망에서 벗어나게 하고 하버드 대학을 수학케 하여
위대한 인물로 성장시킬 수 있었다.
성공한 위인들은
자신의 불행을 긍정으로 바꿀 뿐 아니라
다른 사람의 삶에도 행복과 희망을 준다.
고대 로마 정치가 세네카는 "진정으로 자신을 위하는
삶은 타인을 위해 사는 삶"이라고 했다.

큰 슬픔이 거센 강물처럼 네 삶에 밀려와
마음의 평화를 산산조각 내고
가장 소중한 것들을 네 눈에서 영원히 앗아갈 때라도
네 가슴에 대고 말하라.
이것 또한 지나가리라.
행운이 너에게 미소 짓고 하루하루가 환희와 기쁨으로 가득 차
근심 걱정 없는 날들이 스쳐 지나갈 때면
세속의 기쁨에 젖어 안식하지 않도록
이 말을 깊이 생각하고 가슴에 품어라.
이것 또한 지나가리라.

**랜더 윌슨 스미스** 미국 작가

화는 천박함이다
미소지어라

우리는 우리의 행동 그 자체입니다.
우리의 생각과 말과 행위는
우리 자신이 밖으로 드러난 것입니다.

**틱 낫한** 베트남 선승

# 말을 위한 기도

내가 이 세상에 태어나
수없이 뿌려놓은 말의 씨들이
어디에 어떻게 열매를 맺었을까
조용히 헤아려볼 때가 있습니다.

**이해인** 내가 이 세상에 태어나 중

- 우리가 선택한 생각, 말, 행동은 반드시 같은 형태로 우리에게 돌아온다. 가장 현명한 자는 대체로 할 말이 가장 적다.

- 말은 영혼이 담겨 있는 자신의 성품으로 말 한 마디가 복이 될 수도 재앙이 될 수도 있다. 모든 화의 근원은 입으로부터 나오니 입을 조심하고 남을 욕하거나 성난 눈으로 보지 말라고 가르치고 있다.

- 탈무드는 "말하는 것의 두 배는 듣도록 하라. 행복하게 살려고 생각한다면, 코로는 신선한 공기를 가득 들이마시고, 입은 다물고, 귀를 높은 지위에 두라."고 했다.

- 가능한 침묵하라. 그리고 꼭 말을 해야 한다면 필요한 만큼만 짧고 간단하게 하라. **에펙테토스**

- 가장 무서운 사람은 침묵을 지키는 사람이다. **호라티우스**

말은 강력한 힘을 가진다.
그리고 그것은 쉽게 잊히지도 않는다.
그래서 분노나 화의 말로 생긴 상처가 오래 가는 것이다.

**브라이언 L. 와이스** 정신과 의사

# 분노의 감정을 다스려라

누군가 당신에게 무례하고 가슴 아픈 말을 하더라도
공격, 방어, 회피와 같은 무의식적인 반응과
부정적 감정으로 들어가지 마십시오.
아무런 저항도 하지 마십시오.
그러면 더 이상 아무도 다치지 않습니다.
그것이 용서입니다.
이런 방법으로 당신은 상처를 받지 않게 됩니다.
그는 더 이상 당신의 내면 상태를
좌지우지하지 못할 것입니다.

**에크하르트 톨레** 독일 출신의 영성가

누군가 당신을 화나게 하면
다음과 같이 생각하라고 권고한다.
'이 사람에게도 피치 못할 어떤 사정이 있을 거야'
당신도 다른 사람을 화나게 했던 적이 있음을 명심하라.

**마르쿠스 아우렐리우스** 명상록 중

- 말은 성품과 인간성을 나타내는 척도로서, 좋은 성품을 가진 사람은 순한 말을 쓰지만 나쁜 사람은 말에서 본성이 드러난다.

- 붓다는 "누구에게도 모진 말을 하지 말라. 그 말을 듣는 사람은 당신에게 똑 같은 방식으로 대답한다."고 했다.

- 욕을 하는 사람에게는 냉정한 자세로 열기를 식히고 무시해 버리면 결국 욕은 욕한 사람에게 돌아간다.

- 좋은 말 열 번 해도 나쁜 말 한 번으로 쌓아 놓은 덕이 한꺼번에 무너진다. 좋은 인간관계의 비결은 긍정적인 생각으로 말을 하면 파동을 일으켜 상대방에게 전염된다. 부정적인 말에는 분노의 독소가 들어 있어서 말하는 사람 스스로 불쾌한 감정에 빠져 버린다.

# 사람의 마음을 아프게 하지 마라

한 말짜리 그릇에는 아홉 되 쯤 담는 것이 좋다.
가득 채운다면 자칫 넘치게 될 것이다.
무슨 일이든 어느 정도 여백을 남겨두는 것이 좋다.
화나는 일이 있어도
화나는 감정을 다 쏟아내지 말 것이며
비록 정당한 말이라도 칠팔십 퍼센트만 말하고
나머지는 여운으로 남겨두는 것이 좋다.

**채근담** 중

• 중국 당나라 때 무착 스님은 스스로 득도했다고 판단하고 문수보살
을 친견하기 위해 오대산에 올랐다.
마침 법회가 있는 날이라 배식 소임을 맡았다.
두 아이를 데리고 온 남루한 여인에게 세 사람 분의 밥을 주었으나,
그 여인은 뱃속의 아이 몫까지 달라고 간청하므로 무착 스님은 버럭
화를 내었다.
체면도 염치도 없다고 나무라자 순간 그 여인은 사라져 버렸다. 경솔
한 한 마디가 큰 일을 그르쳤다.
문수보살의 화신을 눈 앞에서 친견하지 못한 무착 스님은 뼈를 깎는
수행을 계속하여 한 게송을 남겼다.

성 안 내는 그 얼굴이 참다운 공양구요　　　面上無瞋供養具
부드러운 말 한 마디 미묘한 향이로다　　　口裏無瞋吐妙香
깨끗해 티가 없는 진실한 그 마음이　　　　心裏無瞋是珍寶
언제나 한결 같은 부처님 마음일세　　　　無染無垢是眞常

생각이 말을 낳고 말이 생각을 낳는다는 말이 있다.
좋고 아름다운 생각 속에서 아름다운 말이 나온다.

# 감정에 이끌려 행동하지 말라

누군가 너를 화나게 했는가?
그것은 네가 그것을 화나는 일로 받아들였기 때문이다.
누군가 너의 감정을 자극했는가?
그것은 네가 그 일을 기분 상한 일로 판단했기 때문이다.
단지 외부에서 일어나는 어떤 일 때문에
너의 감정에 불을 붙이고
습관처럼 그 감정에 이끌려 행동하지 말라.

**에픽테토스** 삶의 기술 중

▪ 사람은 화를 낼 수 있지만 참지 못하고 폭발하고 보는 사람은 정서적으로 감정 조절이 미숙한 사람으로서 엄청난 후회를 하게 된다. 욱하는 분노는 값 비싼 대가를 치를 수 있기 때문이다.

▪ 마음속에 화가 나면 기쁨은 사라진다. 화를 다스리기 위한 가장 좋은 방법은 웃음이다. 웃어버리면 화는 순간 사라진다.

▪ 분노는 당신을 더욱 옹졸하게 만들지만 용서는 당신을 더욱 더 품이 넓은 사람으로 성장시켜 준다. **세리카터 스코트**

▪ 다정하게 말하는 것에는 돈이 들지 않는다. **베트남 속담**

▪ 화가 날 때 화가 나고 있다는 것만 온전히 알아차리고 있어도 화는 멈추어진다.

화는 화를 낸 사람에게 반드시 되돌아온다.
화의 최대 원인은 나는 잘못한 것이 없다는 생각이다.
화를 내어 이기는 것은 결국 지는 것이다.

**루키우스 안나이우스 세네카** 화에 대하여 중

# 미워하는 것은
# 자기를 상처 내는 것

미워한다고 상대방이 반드시 상처 입는 것은 아니다.
그러나 한 가지 명백한 사실은
누군가를 증오하면 그대의 영혼이
수많은 방법으로 먼저 상처를 입는다는 사실이다.
다른 사람에게 뿌리기 위해
그대 자신 안에 엄청난 독을 품었는데
어찌 무사하겠는가.
증오는 자연스러운 본성이 아니다.
사랑이 건강한 상태라면 증오는 병든 상태이다.
사랑이란 가장 자연스러운 것이 되어야 한다.

**오쇼 라즈니쉬** 인도의 명상가

- 지금 우리가 살고 있는 사회를 피로사회라 한다. 자기 조절력이 저하
  되어 화를 억제하기 힘들다. 스트레스를 받을 때마다 습관적으로 화
  를 내게 되고 화내는 횟수가 늘어갈수록 삶은 화 자체가 되어버린다.

- 슬기로운 사람은 쉽게 분노하지 않는다. 분노는 추하고 천박한 마음
  을 연습하는 것. 화를 자주 내게 되면 친구나 친척들이 피해 버린다.

- 니이체는 "극심한 분노보다 인간을 빨리 좀먹게 하는 것은 없다."고

했다. 노자는 "원한이 있거든 그것을 원한으로 갚지 말고 덕으로 갚아라. 원한을 원한으로 갚으면 원한은 그칠 줄 모른다. 원한이 쌓이면 찾아오는 것은 자멸뿐이다."고 했다.

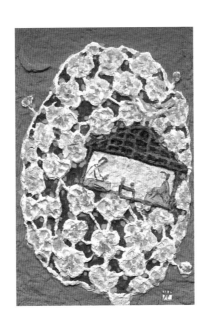

분노와 미움의 파괴적인 영향으로부터 보호받고
피난처를 얻을 수 있는 유일한 길은
인내심과 관대한 마음을 갖는 것뿐이다.

**달라이 라마** 티벳 망명정부 지도자

# 화를 내면 해결될 문제가
# 상처로 남는다

노여움이 생길 때는 열까지 세어라.
그래도 노여움이 풀리지 않으면
백까지 세어라.
노여움을 참지 못하고 화를 내는 것은
이 화를 받는 사람보다도 화를 내는 사람에게
더 큰 피해를 가져다 줄 수 있다.

**토마스 제퍼슨** 미국 제3대 대통령

- 삶에서 경험했던 부끄럽고 나쁜 기억들이 무의식에 저장되었다가 우리의 감정을 건드린다. 노부부들의 잦은 다툼과 황혼이혼도 과거의 나쁜 기억들 때문이라 한다.

- 사람의 얼굴은 하나의 풍경이요 한 권의 책이다. 얼굴은 결코 거짓말을 하지 않는다. **발자크**

- 모든 인간에게는 단점이 있다. 다른 사람들의 단점을 보지 말고 관용의 눈으로 바라볼 줄 아는 미덕을 가져야 한다.

- 경전에 "편안한 수면을 원한다면 마음속 분노를 던져버리고, 응어리·분노·원한·초조함을 가지고 이불 속으로 들어가지 말라."고 했다.

이 세상에서 원한에 의해서는 원한이 결코 풀리지 않는다.
원한을 버릴 때 풀리나니 이것은 변치 않을 영원한 진리이다.

**법구경**

# 웃음의 능력

나는 웃음의 능력을 보아 왔다.
웃음은 거의 참을 수 없는 슬픔을
참을 수 있는 어떤 것으로
더 나아가 희망적인 것으로 바꿔줄 수 있다.

**밥 호프** 미국 코미디언의 전설

분노를 모르는 사람은 어리석다.
그러나 분노를 알면서도
그것을 참을 줄 아는 사람은 현명하다. 영국 속담

### 웃음에 관한 재미있는 격언들

- 웃음이 있는 곳에는 사람이 모인다.
- 조선 왕조 때 웃음 내시가 있었다.
- 도둑이 들어도 두려워 말고 웃으면 도둑이 놀라 도망간다.
- 여자가 남자보다 오래 사는 것은 자주 웃기 때문이다.
- 지구에서 웃을 수 있는 동물은 인간 밖에 없다.
  미국 개척시대에 영국 선교사들이 미국에서 탐험 중 영국 본부에 타전하여 사람과 원숭이를 구별할 수 있는 법을 알려달라고 했다. 답신 내용은 '웃는 놈은 사람이고 웃지 않는 놈은 원숭이다.'

행복해지는 일이 인생의 목적이라면
하루에 몇 번 웃느냐가 인생의 중요한 척도이다.
**스티브 워즈니악** 미국 컴퓨터 엔지니어

# 웃으면 세상이 당신과 함께
# 웃을 것이다

웃어라. 웃으면 세상이 당신과 함께 웃을 것이다.
울어라. 울면 당신 혼자만 울게 될 것이다.
기뻐하라. 그러면 사람들이 당신을 찾게 될 것이다.
슬퍼하라. 그러면 사람들이 돌아서 가버릴 것이다.
기뻐하라. 그러면 당신의 친구들이 많아질 것이다.
슬퍼하라. 그러면 당신은 그들 모두를 잃게 될 것이다.
잔치를 베풀어라. 그러면 당신의 사람들로 붐빌 것이다.
혼자 먹어라.
그러면 세상 사람들은 모두 당신을 지나쳐 갈 것이다.

**윌콕스** 고독 중

- 밝고 낙관적이고 감사하는 마음에서 따뜻한 웃음이 나온다. 웃음은 인생을 여유 있고 풍요로우며 삶을 활기차게 한다. 웃는 일에 인색한 것만큼 초라해 보이는 것은 없다. 가장 건강한 사람은 늘 웃고 있는 사람이다.

- 웃음은 기쁨이 만들어지고 기뻐하면 사람들이 모인다. 처칠은 "싸울 때도 씽긋 웃는 사람을 좋아한다."고 했다.

- 살아가면서 많이 기뻐할수록 당신의 인생은 충만해진다. 그리고 사람들은 그런 당신과 함께 있고 싶어할 것이다. 간단히 말해서 기쁨을 많이 느낄수록 사는 것이 더 재미있어진다. **게르트 쿨 하비**

- 젊고 건강하게 활력 넘치는 삶을 위해 웃는 사람은 웃지 않는 사람보다 더 오래 산다. 건강은 실제로 웃음의 양에 달렸다는 것을 아는 사람은 거의 없다. **제임스 스월시**

인생은 구름 한 점 일어남이요
죽음은 구름 한 점 사라짐이니
있으나 없으나 웃으며 사세
웃지 않은 이는 바보이려니

작자 미상

미소와 웃음은 시간이나 돈이 들지 않으면서도
사업을 발전시킨다.

**존 워너 메이커** 미국 사업가

# 얼굴에 꽃을 피우는 것이 웃음이다

사람에게 있어서 웃는 것보다 좋은 것은 없다.
그것은 그가 가장 쉽게 즐길 수 있는 사치이다.
그것은 즐거운 미래가 가득한 것이다.
그것은 열심히 살도록 만드는 것이다.
그것은 영혼을 정화시키는 것이다.

**유게네 벨틴** 작가

- 사람들에게 웃는 것보다 더 좋은 것은 없다. 인간관계를 성숙하게 할 뿐 아니라 영혼을 정화시키는 것이 웃음이다.

- 웃음은 사랑과 평화, 삶의 모든 것을 표현해주는 신성의 언어이며 스스로에게는 물론 주변 사람 모두를 편하게 만든다.

- 모든 식물들이 아름다운 꽃을 피우듯이 얼굴에 꽃을 피우는 것이 웃음이다.

- 어떤 사람은 웃으면서 하루를 보내고 어떤 사람은 찡그리며 하루를 보낸다.

- 중국 속담에 "미소 없는 사람은 가게 문을 열지 말라."는 말이 있고, 베트남 속담에도 "웃음이 십 년치 보약"이란 말이 있다. 제대로 웃는 법을 알면 수명이 늘어난다.

질병과 슬픔이 있는 세상에서
우리를 강하게 살도록 만드는 것은
웃음과 유머 밖에 없다.

**찰스 디킨스** 영국 소설가

# 힘들수록 미소 지어라,
# 미소는 절망도 녹인다

미소는 주는 사람을 가난하게 하지 않으면서도
받는 사람을 넉넉하게 해 준다.
그것은 아주 짧은 순간에 일어나지만
그 기억이 때로는 영원할 수도 있다.
미소는 가정에서 행복을 만들고
비즈니스에는 호의를 키우고
우호적임을 확인시킨다.

**겐블름** 작가

- 미소는 누구에게도 호감 받는 대인관계의 첫 번째 관문으로 사람만이 가지고 있는 표현법이다.

- 미소 짓기만 해도 어떤 어려움도 극복할 수 있는 힘을 가지고 있다.

- 언제 어느 때라도 어떤 일과 부딪힐 때면 웃는 것이 가장 현명하고 신속한 응답이며 어떤 처지에 놓이더라도 비장한 위안이 된다.  **멜빌**

- 한 인간의 내면을 아주 짧은 시간 내에 알고자 한다면 굳이 그 사람의 침묵이나 말, 눈물 그리고 그가 고매한 생각에 얼마나 좌우되는지를 분석하려 하지 마라. 그 사람의 웃는 모습을 지켜보는 것만으로도 많은 것을 알 수 있다. 잘 웃는 사람은 선한 사람이다.

**도스토예프스키** 러시아 소설가

우리는 다른 사람의 말을 잘 들어주고
다른 사람을 생각하고
미소를 잘 짓고
'감사합니다'라는 말을 할 줄 아는
다정한 사람을 찾습니다.

사우웨스트 항공사

# 유머적인 사람은 적이 없다

유머 감각, 다시 말해 자신과 자신이 처한 상황을
즐겁게 만들 수 있는 능력이 없다면
세상은 굉장히 암담해질 것이다.
우리에게 나쁜 일이 생겼다고 해도
그것을 재미있는 이야기로 바꿀 수 있다.
그러면 어떤 시련이 닥쳐도
거뜬하게 감당할 수 있을 것 같은 자신감이 샘솟는다.

위트는 우리와 어둠 사이에 존재하는 유일한 벽이다.

**마크 밴 도런** 작가

- 세상은 각박해지고 사람들의 얼굴은 점점 굳어져 가는 사회에서 유머는 소중한 자산이다. 성공한 삶을 살아온 사람들의 공통점 중 하나로 유머 감각이 풍부했다는 통계가 있으며 처칠은 "빛나는 리더에겐 빛나는 유머가 있소. 좀 웃으시오."라고 했다.

- 유머는 사람 개인의 능력이다. 유머는 여유 있는 마음과 유연한 생각을 가진 사람에게서 나오며 유머적인 사람은 적이 없다는 말도 있다.

- 유대인은 "우리 아이들이 유머를 잃지 않게 하소서."라고 기도하며 스페인에는 "사랑을 창으로 삼고 유머를 방패로 삼으라."는 말이 있다.

- 아인슈타인은 노벨상 수상 인사로 "나를 키운 것은 바로 유머였고, 내 최고의 능력은 조크"라고 했다.

유머야말로 상대와 나의 마음을 동시에 치유하는
가장 즐거운 지혜이다.
웃음은 인간의 방탄조끼이다.

**노먼 카슨스** 미국 언론인

# 웃음이 몸과 마음을 치료한다

내가 보아온 인생 최고의 성공한 사람들은
모두가 늘 명랑하고 희망에 가득 차 있었다.
또 웃는 얼굴로 일을 해 나가고
생활에 일어나는 여러 변화나 기회를 즐겁거나 슬프거나
남자답게 당당히 맞아들였다.

**찰즈 킹즐리** 영국 작가

그대의 마음을 웃음과 기쁨으로 감싸라.
그러면 일천의 해로움을 막아주고
생명을 연장시켜 줄 것이다.

**윌리엄 셰익스피어** 영국의 대문호

### 유머 산책

- 변호사가 가장 싫어하는 사람은 법 없어도 사는 사람들이고, 의사가 가장 싫어하는 사람은 무병장수하는 사람들이다.

- 슈바이처 박사는 비행기를 타면 항상 3등석을 이용했다. 어느 날 기자가 물었다.
  "선생님은 왜 항상 3등칸만 타십니까?"
  "그야 4등칸이 없으니 3등칸을 타지요." **김세유** 나를 위한 1분 중

▪ 치매 증세를 염려한 사람이 병원에서 진료를 받았다.

"제가 기억 상실증에 걸린 것 같아요."

"언제부터 그랬죠?"

"뭐가 언제부터 그랬냐는 겁니까?"

## ▪ 산다는 것

어리석은 사람은 좋은 것을 보면 금방 탐내고 현명한 사람은 좋은 것을 보면 그냥 놓고 보고, 지혜로운 사람은 좋은 것을 보면 얼른 떠난다. 나는?

## ▪ 밥값 내기

사업가 3명이 고급음식점에서 저녁을 먹고 있었다. 계산할 때가 되자 서로 자기가 밥값을 내겠다며 계산서를 잡아챘다.

"이건 사업비로 처리할게."

첫 번째 사업가가 말했다.

"아냐, 내가 낼게. 난 회사에서 실비정산을 받을 수 있어."

두 번째 사업가가 말했다.

그러자 세 번째 사업가가 목소리를 높이면서 말했다.

"내가 내게 해줘. 난 내일 파산 신청할 거야."

더치 페이? 너무 쪼잔해 보이니까

▪ 부부가 외출을 했는데, 앞서 가던 남편이 그만 무단횡단을 했다. 지나가던 트럭 운전사가 깜짝 놀라 남편에게 소리를 질렀다.

"이 바보 멍청이 얼간이 머저리 쪼다야, 길 좀 똑바로 건너."

이 말을 들은 아내가 남편에게 물었다.

"당신 아는 사람이에요?"

"아니."

"그런데 당신에 대해 어쩜 그렇게 잘 알아요?"

▪ **면접시험**

중견 기업의 사원 채용 면접 시험장에서 사장이 직접 응시자에게 질문했다.

"이 회사에서 제일 중요한 사람은 누구입니까?"

첫 번째 응시자는 "사장님"이라고 했다.

두번째 응시자는 "고객"이라 했다.

세 번째 응시자는 "이 회사에서 제일 중요한 사람은 저입니다."고 했다.

이상하게 생각한 사장이 물었다.

"왜 그렇게 생각합니까?"

"제가 없는 이 회사가 무슨 의미가 있겠습니까?"

그 응시자는 즉석에서 채용되었다.

> 내가 없는 이 세상이 무슨 의미가 있을까?

▪ **정치인들의 거짓말**

- 친애하는 국민 여러분…
- 저는 여러분의 심부름꾼으로서 명령에 따라 일할 것입니다.
- 내가 가장 적임자입니다. 나 아니면 아무도 해내지 못합니다.
- 겸손이란?

▪ 세 명의 나이든 여인들이 공원 벤치에 앉아 있었다. 한 명은 괴로운 신음소리를 내고 있었고, 다른 한 친구는 옆에 앉아 한숨만 푹푹 내쉬고 있었다. 세 번 째 여자가 두 사람을 바라보며 이렇게 말했다. "자녀들 이야기는 이제 그만 좀 하자."

**엘렌 렝어** 마음 챙김 중

▪ 한 미모의 젊은 여배우가 조지 버나드 쇼(영국 작가)에게 유혹의 눈길로 다가와서 그의 귀에 대고 달콤한 말로 속삭였다.

"우리 둘이 결혼하여 나의 미모와 당신의 두뇌를 가진 아이를 갖게
된다면 멋진 일이 아니겠어요?"
그러자 별로 잘 생기지 못한 버나드 쇼는 이렇게 대답했다.
"그래요, 그것 참 멋진 일이겠군요. 하지만 우리 아이가 내 용모와 당
신의 두뇌를 닮으면 어쩌지요?"
더 할 말이 없어진 여배우는 서둘러 자리를 피했다.

**버나드쇼** '내 우물쭈물하다가 이꼴 될 줄 알았다' 라는 묘비명을 남김

# 건강은 즐거움과 기쁨의 원천이다

인간이 갖는 행복의 대부분은
건강에 의해 좌우된다.
건강은 만사의 즐거움과 기쁨의 원천이다.

**쇼펜하우어** 독일 철학자

# 건강은 만사의 즐거움과
# 기쁨의 원천이다

아무리 돈이 많고 명예나 권력이 있다고 해도
건강이 뒷받침 되지 않는다면
만족한 삶이라 할 수 없다.
건강한 신체와 아름다운 정신을 갖는 것이
행복한 삶의 비결이다.
내 신체에 감사하는 것이
자신을 더 사랑하는 열쇠임을 비로소 깨달았다.

**오프라 윈프리** 미국 방송인

- 건강은 자신의 몸에 대한 배려뿐 아니라 주위를 위한 배려이다. 건강
  하게 사는 것. 가족들에게는 이보다 더 좋은 선물은 없을 것이다.

- 황제내경에 "병든 후에 질병과 싸우는 것은 목이 마를 때 우물을 파
  거나 전쟁이 난 뒤에 무기를 만드는 것과 다를 바 없다."고 했다.

- 행복의 뿌리는 건강에 있다. 건강을 잃기 전에는 건강이 얼마나 소중
  한지 잘 알지 못하고 한 번 건강을 잃고 나면 회복이 어렵다.

가장 번성할 때 더욱 조심하라.
늙어서 드는 병은 모두 젊어서 불러들인 것이며
쇠퇴한 뒤의 재앙은 모두 흥할 때 만들어진 것이다.
그러므로 가장 번성할 때 군자는 더욱 조심하는 법이다.

**채근담**

# 멋진 자동차를 가졌어도
# 미숙한 운전은 불안하다

의사나 환자가 할 수 있는 것은
몸이 그 자체를 보호하고 치유할 수 있도록
최적의 상황을 조성해 주는 일뿐이다.
생명력, 즉 자연 치유력을 도와주는 것이
할 수 있는 모든 것이다.

**한스 크렙스 경** 1953년 노벨 생리학상 수상자

▪ 건강을 책임지는 의무는 스스로에게 있음에도 우리는 건강을 너무나
소홀히 하고 살아 자기의 건강을 의사가 책임져 주는 줄 알고 병원에
맡기지만 의사는 치료해주는 척할 뿐 건강을 근본적으로 되돌려주지
는 못한다.

▪ 의사가 당신의 병을 고치지 못하면 유쾌한 마음과 휴식, 적절한 음식
이 세 가지를 의사로 삼으라.　　　　　　　　　**살레르노** 건강관리법

▪ 보카르 린포체는 "우리는 멋진 자동차를 가지고 있지만 운전하는 법
을 모르는 사람의 상황과 비슷하다."고 했다.

몸을 잘 돌보고 조심해서 다루어라.
사람의 몸은 여분이 없다.
오직 하나이다.
우리가 하는 일은 무엇이든 다른 것에 영향을 주게 되어 있다.
그러니 평소 부지런히 운동도 하고 잘 먹어두어야 한다.

**앤드류 매튜스** 자신 있게 살아라 중

# 몸은 마음이 믿는 바를
# 현실에 나타낸다

몸은 마음에서 나오는 생각의 명령에만 일한다.
어떤 것이 사실이라고 믿으면 실제로 그렇게 된다.
반응하는 것은 네 몸의 본성이다.
세포 하나하나는 생각의 명령을 받으며
그에 따라 움직인다.
분노와 증오와 후회와 집착과 근심과 불안과 비판과
비교의 감정은 다 버려라.
평화와 사랑과 용서와 감사의 감정을 품으라.
두려움은 마음에서 네 생각 속에서 만들어질 뿐
실제로 존재하지 않는다.

**카트린 애덤스 샤피로** 오래된 지혜 중

- 장수(長壽)는 사람들의 소망이지만 건강이 뒷받침 되어야 한다. 긴 병에 효자 없다는 말과 같이 병마에 시달리는 삶은 축복이 아니라 재앙이며 주위에 불편과 부담을 넘어 고통을 준다.

- 너는 네 차를 운전해 줄 사람을 고용할 수 있고 돈을 벌어줄 사람도 구할 수 있다. 하지만 너 대신 아파줄 사람은 구할 수 없을 것이다.

**스티브 잡스**

- 인간의 몸은 가장 귀한 보석보다도 더 귀하다. 너의 몸을 소중히 다루어라. 그것은 오직 이번에만 너의 것일 뿐이다. 곧 사라져 버릴 아름다운 것이다. **총카라** (티벳의 라마)

- 몸은 마음에 복종한다는 격언과 같이 몸은 마음이 믿는 바를 현실에 나타낸다. 우리가 상상할 수 있는 모든 것은 현실이 된다.

- 스튜어트 에이버리 골드는 "삶은 내가 의도한대로 살 수 있을 때 비로소 내 것이 된다."고 했다.

우리는 마음만이 아니라 심장과 폐와 내장으로도 걱정을 한다.
그러므로 걱정과 근심은 원인이 무엇이든 간에
그 영향을 세포와 조직과 신체의 각 기관에 나타내는 것이다.
건강하게 살고 싶다면 걱정과 근심을 줄여야 한다.

**조지 W. 크라이**

# 현명한 사람은 건강을
# 가장 소중하게 여긴다

사람들은 눈 앞의 음식들이 한 상 차려져 있으면
이미 배가 찼는데 또 먹는다.
결국 더부룩한 배를 부여잡고
소화제를 찾느라 고생을 한다.
어느 정도 포만감을 느낀다면 절제하라.
과식으로 뒤뚱거리는 것보다
기분이 훨씬 좋을 테니까 말이다.

**마크 트웨인** 미국 작가

- 먹기 위해 살지 말고 살기 위해 먹으라는 말처럼, 배가 고프면 먹고
  배가 부르면 먹지 않는 자연의 섭리에 따라야 한다.

- 에디슨이 한 말이다. "사람의 두뇌에 술을 들이붓는 것은 기계의 베
  어링에 모래를 끼얹는 것과 같다."

- 수명을 늘리려면 식사를 줄여라.　　　　　　　　　**벤자민 프랭클린**

- 오늘날 굶어 죽는 자는 거의 없다. 하지만 너무 많이 먹어 죽는 자는
  많다.　　　　　　　　　　　　　　　　　　　　　　**톨스토이**

- 칼에 의해 죽은 사람보다는 과식이나 과음에 의해 죽은 사람이 더 많다. **윌리엄 오슬러**

- 질병과 죽음이 호시탐탐 노리고 있는 우리 삶에서 현명한 사람들은 건강을 가장 소중하게 여긴다. 자기 자신을 아끼고 돌보는 것을 자신 말고는 아무에게도 맡길 수 없다.

당신의 건강을 지키기 위해서는
약도 요법도 필요 없다.
무엇보다 간소하게 사는 것이 가장 좋은 방법이다.
조금만 먹고 조금만 놀고 일찍 쉬어야 한다.
이것은 세계적인 만병통치약이다.

**들라크루아** 프랑스 화가

# 삶은 짧고 소중하다

몸은 일시적인 현상일 뿐이다.
몸은 어느 날 사라질 것이며
다시는 존재하지 않을 것이다.
그것은 마치 물거품과 같다.
몸은 아름답게 보이지만
그 속에는 죽음이 자라고 있으며 늙음이 기다리고 있다.
그것은 단지 시간의 문제일 뿐이다.
사실 우리는 태어난 날부터 죽기 시작한다.
몸에 관한 한 우리는 끊임없이 죽어가고 있다.
70년이라는 세월에 속지 말라.
그것은 영원의 광활한 공간 속에서는 아무 것도 아니다.
나는 그냥 손님일 뿐이며 그 육체를 소유하지 않는다.
나는 더 이상 육체의 일부가 아니며
육체 또한 더 이상 나의 일부가 아니다.
우리는 함께 있는 것이다.

**오쇼 라즈니쉬** 사랑하는 사람을 만들지 말라 중

▪ 사람의 육체는 핀 꽃이 지듯이 이미 소멸을 품고 있다. 질병과 노화로 죽음을 재촉 받고 있는 우리의 건강이 소중한 것은 나의 행복을 좌지우지하던 세상의 모든 일들이 내가 건강하고 내 의지대로 살 수 있을 때 일이지 건강하지 않으면 모두가 부질없을 뿐이다.

▪ 무엇이 삶을 의미 있게 하는가? 죽음을 생각할 때 마음이 열리고 삶은 깊어진다.

▪ 세월이 번개 같으니 시간을 잘 아껴라. 죽고 사는 것이 숨 쉬는데 있으니 아침에는 살아 있지만 저녁까지 살아 있을지!

태고보우 왕사(고려 선사)

▪ 사는 것, 잠자는 것, 죽는 것, 이 모두가 꿈이 아닌가! 그렇다. 그것이 문제다. 꿈이 아니라고 생각하는 것…

셰익스피어

머지않아 그대는 이 세상 어느 곳에도 존재하지 않게 될 것이고
지금 눈에 보이는 모든 것과
지금 살아 있는 모든 사람도
또한 존재하지 않게 되리라는 것을 생각하라.
왜냐하면 자연에 의하여 이루어진 모든 것이
변화하고 소멸함으로써
다른 사물들이 잇달아 뒤를 이어 존재하게 되기 때문이다.

아우렐리우스 명상록 중

# 삶의 순간을 사랑하라

죽음을 인생의 가장 큰 축복으로
받아들인 사람들의 아름다운 이야기
그들은 삶의 순간을 사랑했으며
일 분 일 초를 아껴가며 지상의 모든 곳으로
행복을 옮겨가는데 열중했다.
그들의 몸은 상처투성이였지만
그들의 정신은 결코 꿰맨 자국이 없었다.
그들의 삶은 사랑과 행복에서
단 한 발자국도 벗어나지 않았다.
사랑과 행복이 갇혀 있는 데도 그들은 자유로웠다.
자유롭게 삶의 영원을 여행하는 그들에게
죽음이란 아름다운 유산이었다.
최선을 다해 하루를 산 사람만이 맛볼 수 있는
달콤한 안식이었다.
그들의 죽음은 그들의 인생에 가장 큰 축복이었다.

**윌리엄 하브리첼** 생의 모든 순간을 사랑하라 중

- 잘 살아야 하지만 죽는 것 또한 인간으로써 존엄하게 생을 마칠 기회를 가져야 한다. 사랑하는 사람들에게 둘러싸여 따뜻한 이별을 하기 위해서는 의식이 있을 때 죽음 준비를 해두어야 한다. 가망 없는 환자의 연명에 집착하여 삶의 마지막 순간까지 온갖 시술과 약물을 투여하고 많은 전선 튜브로 연결된 채 쓸쓸히 세상을 마감하지만 의료진과 가족은 최선을 다한 것처럼 생각한다.

- 평소 사전 의료의향서를 작성하여 죽음이 임박했을 때 치료에 대한 자신의 뜻을 분명히 밝혀둠으로써 본인의 뜻이 존중되도록 한다.

- 우리는 명예도 재산도 모두 벗어 놓은 채 인생의 마지막 식전을 향해 가고 있다. 자신의 사망기사에 사람들은 어떤 말을 할까? 어떤 사람으로 기억될까? 성공적인 삶을 살았더라도 생의 마지막을 고통 속에 살아간다면 좋은 삶이었다고 기억할 수 있을까? 인생의 마지막 순간에 어떤 평가를 받을 것인가를 생각하면서 삶을 살아간다면 좀 더 인간적인 삶이 되지 않을까?

생의 마지막 순간에 이르러
자기가 걸어온 길을 뒤돌아볼 때
가장 가치 있는 질문은
나는 누군가를 얼마나 사랑했는가 이다.

**리처드 버크** 미국의 소설가

# 내 안으로의 여행

방황하는 이여,
그대의 걸음걸음이 길이요, 그게 전부다.
방황하는 이여,
길은 없는 것
길은 걸으면서 만들어지나니
홀로 걸으면서, 길을 내 가다 문득 뒤돌아보면
그때 우리 눈에 길이 보일지니…

**안토니오 마차도** 스페인 시인


신은 우리에게 인생의 줄거리만 정해줄 뿐
이야기를 완성하는 것은 바로 우리 자신이다.

**황퉁** 인생도 금이 가야 맛이 난다 중

# 가야산 일기

　누구의 삶이든지 파란만장한 질곡의 삶을 살아가는 것이 우리네 인생이다. 그것은 기쁜 일보다는 힘들고 슬픈 자신의 이야기를 더 많이 저장해 두고 자꾸만 머리에 떠올려 괴로워하기 때문이다.

　내가 걸어온 길을 뒤돌아보니 따뜻한 내 영혼을 위한 삶이었다기보다는 항상 남을 의식하고 남들에게 보여주기 위한 포장된 삶이었기에 더욱 불안과 후회로 나를 힘들게 한 것 같다. 이 세상에 존재하는 모든 불행, 두려움 그리고 고통은 나로부터 비롯된 것이기에 그 해결도 나로부터 이루어져야 한다. 나는 누구이고 어디쯤 서 있는가? 타성에 가려 잃어버린 마음과 나를 찾아 여기에 왔다.

　2001년 여름 나는 가야산에 있었다. 아무도 같이 가 주지 않는 고독한 그 길은 하나의 길 밖에 없었다. 육체의 삶보다는 영혼의 삶을 위해서 나를 버리지 않고는 번뇌의 고통에서 헤어날 수 없기에 나를 버리려 간 것이다.

　수행을 시작한 지 한 사나흘이 지나자 의식은 온갖 변명으로 유혹하기 시작하고 몸은 극심한 통증으로 나를 괴롭혔다. "이런 고통으로는 이 엄청난 수행을 감당할 수 없어. 내려가 일상으로 돌아가 푹 쉬자."

살아오면서 수많은 세월을 브레이크 풀린 자동차처럼 좌충우돌하면서 달콤하고 안락한 것에 길들여져 이런 고통을 참아내지 못하는 나약함이 나이기 때문이었다.

차라리 여기서 쓰러지자. 더욱 이를 악물고 정진했다. 육체적인 고통은 너무나 힘들었지만 나는 신념과 의지로 버티며 밤을 새워 나갔다. 내가 세상에 태어나 살아오면서 내 안의 잠재의식에 저장되어 있는 기억들을 하나하나 끄집어내어 지워나갔다. 아! 너무나 놀라움이 컸다. 게딱지처럼 차곡차곡 쌓여 있는 기억들을 끄집어 내놓으니 산더미 같아서 큰 성벽이 내 앞을 가로막고 있는 것처럼 숨을 제대로 쉴 수 없을 정도로 답답했다. 내 삶이 이렇게도 두꺼운 업을 가지고 있었구나.

고정관념, 아상, 틀, 나의 잣대, 관념이 본성을 가려 진정한 참 나를 볼 수 없었다. 그것은 나를 절대적 존재 가치로 느끼며 즐거움을 갈망하고 고통을 피하려는 이기심과 자만심 때문이었다. 또 번뇌하고 성내며 영혼은 메말라 휘청거리는 허망한 삶을 살아왔기 때문이다. 나(자아)를 죽여야 진정한 나(본성)를 보게 될 것이다. 밤을 새워 내면을 가리고 있는 수십 년 쌓여온 기억들을 하나하나 지워나갔다.

내 안이 점점 가벼워지면서 그때부터 나는 눈물을 쏟기 시작했다. 세상에서 가장 나쁘고 죽일 놈은 나인데 왜 남들을 미워하고 가까운 사람들을 그렇게 힘들게 했을까?

아만과 탐욕에 빠져버린 나. 잘난 체, 아는 체, 능력 있는 체, 남을 배려하는 척, 욕심이 없는 척 권력과 명예를 행복과 동일시하면서 왜 그리도 집착했을까? 미련스럽고 어리석고 이기심으로 가득 찬 내 살아온 삶을 뒤돌아보면서 부끄러운 마음으로 한없는 참회의 눈물을 쏟아내고 있었다. 사랑합니다. 고맙습니다. 미안합니다. 용서해 주세요. 참회하고 또 참회했다.

2001년 6월 21일 오전 10시 경 삼라만상 일체와 하나가 되었다. 번뇌와 잡념이 끊어진 상상할 수 없는 놀라운 일이 내 안에서 일어나고 있었다. 너무 황홀하고 형용할 수 없는 신비스러움이었다.

밤을 새워 수행한 후 대충 샤워를 하고 아침도 거른 채 자리에 누워 잠을 청했으나 좀처럼 잠을 이룰 수 없었다. 잠이 오면 자면 된다. 일어나 면벽 명상에 들었다. 얼마나 지났을까, 그때 일어난 일이다. 갑자기 세상이 환해짐을 느꼈다. 모든 기억이 사라졌다. 그리고 내 안에서 희열이 터져 솟아오르기 시작했다. 나도 없고 세상도 없는 고요 그 자체였다. 아무 것도 없는 텅 빈 허공이었다.

내 안에서는 희열이 폭포수처럼 터져 올라왔다. 나무나 기쁘고 황홀하고 행복했다. 세상에 이런 일이 있구나, 나는 고함을 질렀다. 이것이구나, 이것이구나. 그렇게 찾아 헤매던 것이 내 안에서 지금 일어나고 있었다. 한동안 실성한 사람처럼 웃으며 돌아 다녔다. 몸은 가벼워 하늘 위에 떠 있는 것 같았다. 한참 후 서서히 사물이 눈에 들어오기 시작하고 나를 느끼면서 일상으로 돌아오고 있음을 느꼈다. 그것은 식당에 가야겠다고 생각하면서부터다.

나는 밥을 먹으면서도 옷이 흠뻑 젖을 정도로 눈물을 흘리고 있었다. 마음은 너무나 후련했다.

보름의 수행을 마친 나는 지금까지와는 다른 인생이 시작될 것이라 생각하면서 휘파람을 불며 하산했다. 한동안은 늘 웃음을 머금은 채 세상 모든 것이 아름답게만 보였다. 예전의 세상이 아니었다. 특히 자연과 사람이 너무 좋았다. 누가 안 좋은 말을 해도 손톱만큼의 감정도 일어나지 않았다. 나를 포장할 필요가 없었다. 모든 것이 있는 그대로 보였다.

그러나 시간이 지나갈수록 사람 속에서 부대끼며 사는 삶이기에 나라는 아상이 생기게 되고 욕심과 분별심이 생겨나고 점점 본성이 에고에 가려 영혼에 때가 끼기 시작한다고 느꼈다. 버럭 화를 내고 나서 내 자신이 놀란 때가 한 두 번이 아니었다.

그러나 언제든지 우리는 다시 시작할 수 있다. 우리 안에 잠재하고 있는 영적인 능력을 키우고 내면의 성찰을 위해 자신을 정화해 가는 것이 가장 시급하고 보람된 일일 것이다. 내가 있는 이곳이 수행처이며 내가 살고 있는 순간순간이 수행이 되게 하여 내 안에 신비를 보는 것이 아름답고 가치 있는 삶이라는 것을 나는 믿고 있다.

고요히 앉아 본 뒤에야 평상시의 마음이 경박했음을 알았네.
침묵을 지킨 뒤에야 지난날의 언어가 소란스러웠음을 알았네.
문을 닫아 건 뒤에야 앞서의 사귐이 지나쳤음을 알았네.
욕심을 줄인 뒤에야 이전의 잘못이 많았음을 알았네.
평소에 마음씀이 각박했음을 알았네.

중국 옛시


집이 없는 자는 집을 그리워하고
집이 있는 자는 빈 들녘의 바람을 그리워한다.
나 집을 떠나 길 위에 서서 생각하니
삶에서 잃은 것도 없고 얻은 것도 없다.
모든 것들이 빈 들녘의 바람처럼
세월을 몰고 다만 떨어져 갔다.
어떤 자는 울면서 웃을 날을 그리워하고
웃는 자는 또 웃음 끝에 다가올 울음을 두려워한다.
나 길가에 피어난 꽃에게 묻는다.
나는 무엇을 위해 살았으며
또 무엇을 위해 살지 않았는가를
살아 있는 자는 죽을 것을 염려하고
죽어가는 자는 더 살지 못했음을 아쉬워한다.
자유가 없는 자는 자유를 그리워하고
어떤 나그네는 자유에 지쳐 길에서 쓰러진다.

**류시화** 삶이 나에게 가르쳐준 것들 중

# 맺음말

인간은 완전무결한 존재가 아니다.
어떤 선인(善人)에게도 그림자는 있다.
그림자가 있다고 부끄러워하기보다
그림자 부분을 작게 하려는 노력을
게을리하지 말아야 한다고
탈무드에서는 가르치고 있다.

인간이 항상 새로운 것을 사고하지 않고
고정관념에 사로잡혀
의미 없는 일상을 반복한다면
기계나 로봇과 무엇이 다르다 하겠는가?

영혼이 지쳐 일그러진 모습으로
마음은 점점 거칠어져 가는 것이
이 시대를 살아가는 우리들의 자화상이다.

인생을 살아가면서 가장 중요한 것은
새로운 삶으로 거듭나기 위한 노력이다.
행복은 인간이 추구하는 최고의 가치이지만

우리가 쉽게 행복해질 수 없는 이유는
욕구를 충족시켜서 행복을 찾으려 하기 때문이다.
세상은 우리가 원하는 만큼의 욕구를
충족시켜 줄 수 없기 때문에 행복하지 못한 것이다.

지금까지 우리가 마음에 품고 살아왔던
고정관념의 틀을 깨어
삶속에서 잃어버렸던 나의 참 모습을 찾아나서야 한다.
그것은 세속의 지식이나 부, 명성으로
얻어질 수 있는 것이 아니다.

괴로움의 뿌리는 자기 자신이 독립된 실체로써
스스로 존재한다고 믿기 때문이며(붓다의 가르침)
나라고 하는 절대적 존재가 자기 아님을 안다면
집착과 욕망을 일으키지 않을 것이다.

장자의 '빈 배'에서 배울 수 있는 것은
빈 배가 자기 배에 부딪히면
우리는 화를 내지 않겠지만
사람이 타고 있는 것을 알면 화를 내면서
욕을 퍼부을 것이다.
마찬가지로 사람이든 재산이든
일상의 모든 것을 빈 배로 본다면

우리 마음은 결코 분노나
집착에서 벗어날 수 있는 것처럼
살아오면서 영화의 필름처럼
기억이 저장되어 있는
욕심, 미움, 분노, 질투, 자만 등
부정적 에너지들을
생각 이전의 마음으로 지우고 나면
모든 사물을 초월한 본래의
청정한 마음으로 회복되어
참 나를 볼 수 있어 생과 사에
연연하지 않게 된다.

인생의 종착역을 눈 앞에 둔 사람으로서
그동안 살아오면서 경험한 인생과 세상사에 대한
자각과 반성하는 마음으로 글을 썼으나
매우 부족한 부분이 많으리라 생각합니다.
부디 많은 이해 있으시길 바랍니다.

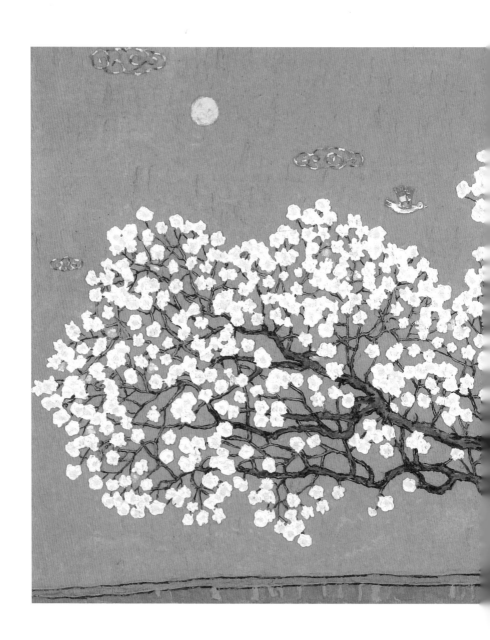

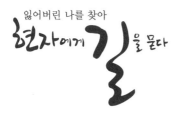

잃어버린 나를 찾아
현자에게 길을 묻다

2017년 1월 13일 초판 1쇄 인쇄
2017년 1월 23일 초판 1쇄 펴냄

지은이 | 이홍모
펴낸이 | 이철순
디자인 | 이성빈

펴낸곳 | 해조음
등    록 | 2003년 5월 20일 제 4-155호
주    소 | 대구광역시 중구 남산로13길 17 보성황실타운 109동 101호
전    화 | 053-624-5586
팩    스 | 053-624-5587
e-mail | bubryun@hanmail.net

저작권자ⓒ 해조음, 2017
이 책은 저작권법에 의해 보호를 받는 저작물이므로
출판사의 허락 없이 인용하거나 발췌하는 것을 금합니다.

ISBN  978-89-92745-57-4 03190
• 잘못된 책은 바꾸어 드립니다.  • 책값은 뒤표지에 있습니다.